W9-AQK-917

ARNULFO L. OLIVEIRA MEMORIAL LIBRARY
1825 MAY STREET
BROWNSVILLE, TEXAS 78520

Schaum's Foreign Language Series

ECONOMIA
Y
FINANZAS

LECTURAS Y VOCABULARIO

EN ESPAÑOL

Conrad J. Schmitt

Protase E. Woodford

McGraw-Hill, Inc.
New York   St. Louis   San Francisco   Auckland
Bogotá   Caracas   Lisbon   London   Madrid   Mexico   Milan
Montreal   New Delhi   Paris   San Juan   Singapore
Sydney   Tokyo   Toronto

ARNULFO L. OLIVEIRA MEMORIAL LIBRARY
1825 MAY STREET
BROWNSVILLE, TEXAS 78520

Sponsoring Editors: John Aliano, Meg Tobin
Production Supervisor: Kathy Porzio
Editing Supervisor: Patty Andrews
Cover Design: Wanda Siedlecka
Text Design and Composition: Suzanne Shetler/Literary Graphics
Graphs: Andrew D. Salik
Printer and Binder: R.R. Donnelley and Sons Company
Cover Illustration: Jane Sterrett

ECONOMIA Y FINANZAS

Copyright © 1992 by McGraw-Hill, Inc. All rights reserved. Printed in the United States of America. Except as permitted under the Copyright Act of 1976, no part of this publication may be reproduced or distributed in any form or by any means, or stored in a data base or retrieval system, without the prior written permission of the publisher.

1 2 3 4 5 6 7 8 9 10 11 12 13 14 15 DOC DOC 9 8 7 6 5 4 3 2 1

ISBN 0-07-056824-3

Library of Congress Cataloging-in-Publication Data
Conrad J. Schmitt
   Economía y finanzas = (Economics and finance) /
   Conrad J. Schmitt, Protase E. Woodford
       p.   cm.—(Schaum's foreign language series)
   Includes index.
   ISBN 0-07-056824-3
   1. Spanish language—Business Spanish. 2. Spanish language—
   Readers—Economics. 3. Spanish language—Readers—Finance.
   4. Spanish language—Textbooks for foreign speakers—English.
   I. Woodford, Protase E.   II. Title.   III. Title: Economics and
   finance.   IV. Series.
   PC4120.C6S34   1992
   468.2'421'02433—dc20   91-11274
                                                CIP

ABOUT THE AUTHORS

Conrad J. Schmitt

Mr. Schmitt was Editor-in-Chief of Foreign Language, ESL, and Bilingual Publishing with McGraw-Hill Book Company. Prior to joining McGraw-Hill, Mr. Schmitt taught languages at all levels of instruction from elementary school through college. He has taught Spanish at Montclair State College, Upper Montclair, New Jersey; French at Upsala College, East Orange, New Jersey; and Methods of Teaching a Foreign Language at the Graduate School of Education, Rutgers University, New Brunswick, New Jersey. He also served as Coordinator of Foreign Languages for the Hackensack, New Jersey, Public Schools. Mr. Schmitt is the author of many foreign language books at all levels of instruction, including the communicating titles in Schaum's Foreign Language Series. He has traveled extensively throughout Spain, Mexico, the Caribbean, Central America, and South America. He presently devotes his full time to writing, lecturing, and teaching.

Protase E. Woodford

Mr. Woodford was Director of the Foreign Languages Department, Test Development, Schools and Higher Education Programs Division, Educational Testing Service, Princeton, New Jersey. He has taught Spanish at all academic levels. He has also served as Department Chairman in New Jersey high schools and as a member of the College Board Spanish Test Committee, the Board of Directors of the Northeast Conference on the Teaching of Foreign Languages, and the Governor's Task Force on Foreign Languages and Bilingual Education (NJ). He has worked extensively with Latin American, Middle Eastern, and Asian ministries of education in the areas of tests and measurements and has served as a consultant to the United Nations and numerous state and federal government agencies. He was Distinguished Visiting Linguist at the United States Naval Academy in Annapolis (1987-88) and Visiting Professor at the Fundación José Ortega y Gasset in Gijón, Spain (1986). Mr. Woodford is the author of many high school and college foreign language textbooks, including the communicating titles in Schaum's Foreign Language Series. He has traveled extensively throughout Spain, Mexico, the Caribbean, Central America, South America, Europe, Asia, and the Middle East.

≡ PREFACE _____

The purpose of this book is to provide the reader with the vocabulary needed to discuss the fields of Economics and Finance in Spanish. It is intended for the person who has a basic background in the Spanish language and who wishes to be able to converse in this language in his or her field of expertise. The book is divided into two parts—Part One, Economics and Part Two, Finance. The content of each chapter focuses on a major area or topic relative to each of these fields. The authors wish to stress that it is not the intent of the book to teach Economics or Finance. The intent of the book is to teach the lexicon or vocabulary needed to discuss the fields of Economics and Finance in Spanish. It is assumed that the reader has learned about these fields either through college study or work experience.

The specific field-related vocabulary presented in this book is not found in basic language textbooks. This book can be used as a text in a specialized Spanish course for Economics and Finance. The book can also be used by students studying a basic course in Spanish who want to supplement their knowledge of the language by enriching their vocabulary in their own field of interest or expertise. This adds a useful dimension to language learning. It makes the language a valuable tool in the modern world of international communications and commerce. Since the gender of nouns related to professions in the romance languages involves grammatical changes that are sometimes quite complicated, we have, for the sake of simplicity, used the generic **el** form of nouns dealing with professions.

Using the Book

If a student uses the book on his or her own in some form of individualized study or leisurely reading, the following procedures are recommended to obtain maximum benefit from the book.

Since the specific type of vocabulary used in this book is not introduced in regular texts, you will encounter many unfamiliar words. Do not be discouraged. Many of the words are cognates. A cognate is a word that looks and may mean the same in both Spanish and English but is, in most cases, pronounced differently. Examples of cognates are **la corporación** and **la compañía.** You should be able to guess their meaning without difficulty, which will simplify your task of acquiring a new lexicon.

Before reading the chapter, proceed to the exercises that follow the reading. First, read the list of cognates that appears in the chapter. This cognate list is the first exercise of each chapter. Then look at the cognate exercises to familiarize yourself with them.

Continue by looking at the matching lists of English words and their Spanish equivalents. These matching lists present words that are not cognates, that is, those words that have no resemblance to one another in the two languages. Look at the English list only. The first time you look at this exercise you will not be able to determine the Spanish equivalent. The purpose of looking at the English list is to make you aware of the specific type of vocabulary you will find in reading the chapter. After having looked at the English list, read the Spanish list; do not try to match the English-Spanish equivalents yet.

After you have reviewed the cognates and the lists of English words, read the chapter quickly. Guess the meanings of words through the context of the sentence. After having read the chapter once, you may wish to read it again quickly.

After you have read the chapter once or twice, attempt to do the exercises. Read the chapter once again, then complete those exercises you were not able to do on the first try. If you cannot complete an exercise, check the answer in the Answer Key in the Appendix. Remember that the exercises are in the book to help you learn and use the words; their purpose is not to test you.

After going over the exercises a second time, read the chapter again. It is not necessary for you to retain all the words; most likely, you will not be able to. However, you will encounter many of the same words again in subsequent chapters. By the time you have finished the book, you will retain and be familiar with enough words to enable you to discuss the fields of Economics and Finance in Spanish with a moderate degree of ease.

If there is a reason for you to become expert in carrying on economic or financial discussions in Spanish, it is recommended that you reread the book frequently. It is more advantageous to read and expose yourself to the same material often. Do not attempt to study a particular chapter arduously until you have mastered it. In language acquisition, constant reinforcement is more beneficial than tedious, short-term scrutiny.

In addition to the vocabulary exercises, there is a series of comprehension exercises in each chapter. These comprehension exercises will provide you with an opportunity to discuss on your own economic and financial matters and enable you to use the new vocabulary you just learned.

If you are interested in fields other than Economics and Finance, you will find, on the back cover of this book, a complete list of the titles and the fields available to you.

CONTENTS

Primera parte
ECONOMIA

Capítulo 1
INTRODUCCION A
LA ECONOMIA

¿Qué es la economía? La economía se puede describir de varias maneras. Es el estudio de las decisiones que se toman en la producción, distribución y consumo de bienes y servicios. Es el estudio de la forma en que las sociedades deciden lo que se va a producir, cómo y para quién, con los recursos escasos y limitados. Es el estudio del comportamiento de los seres humanos al producir, distribuir y consumir bienes y servicios en un mundo de recursos escasos. La economía trata del uso o control eficiente de recursos productivos limitados con el propósito de satisfacer al máximo las necesidades y los deseos humanos.

Escasez[1] de los recursos económicos

Las necesidades materiales de la sociedad humana, tanto de individuos como de las instituciones, apenas tienen límite. Las necesidades pueden ser de primera necesidad, como son la comida y el albergue, o pueden ser bienes o servicios de lujo, como los yates[2], los perfumes y el servicio doméstico. Claro está que lo que es un lujo hoy puede considerarse una necesidad básica mañana, y lo que es una necesidad básica para uno es un lujo para otro. Lo que sí tienen límite son los recursos económicos. Los recursos son escasos. No son ilimitados. Estos recursos económicos son el total de recursos naturales, humanos y fabricados que se emplean en la producción de bienes y la provisión de servicios. Incluimos los bienes raíces, los recursos minerales, las fábricas[3], las granjas[4], los edificios comerciales y todo tipo de equipo mecánico y técnico, los medios de comunicación y transporte y la mano de obra de toda clase—profesional, técnica, gerencial y obrera. Los recursos pueden dividirse en dos categorías: los recursos de propiedad—bienes raíces, materia prima y capital—y los recursos humanos.

Una verdad económica es que la escasez de los recursos productivos hace imposible proveer todos los bienes y servicios que la sociedad desea. La escasez de recursos nos obliga a escoger entre los diferentes bienes y servicios.

Costo de oportunidad y posibilidades de producción Al dedicar recursos a un uso se ha limitado o imposibilitado la aplicación de esos recursos a otro uso. Se ha sacrificado la oportunidad de usar esos recursos para otro fin. El nombre que se

---

[1]*scarcity, shortage*   [2]*yachts*   [3]*factories*   [4]*farms*

le da a este sacrificio es «el costo de oportunidad». Dado que los recursos nunca pueden satisfacer todas las necesidades, toda actividad envuelve un costo de oportunidad. Esto ocurre en la vida diaria. Si un estudiante decide ir al cine en lugar de estudiar para un examen, está sacrificando la oportunidad de estudiar. Es el costo de oportunidad de ir al cine.

Para ver el costo de oportunidad de cada decisión, tomaremos un ejemplo. Supongamos que sólo dos productos compiten para la mano de obra en su manufactura, neveras (refrigeradores) y televisores. No tomaremos en cuenta los otros factores de producción. Hay 100 trabajadores disponibles[5] a la semana. Primero tenemos que determinar el número de neveras o televisores que se podrían fabricar[6] dadas estas circunstancias. Si toda la mano de obra se dedica a las neveras, el costo de oportunidad será la ausencia total de televisores.

Las posibilidades de producción son las combinaciones de bienes y servicios finales que se podrían producir en un tiempo dado con todos los recursos y tecnologías disponibles. Para saber cuáles son las posibilidades de producción en nuestro ejemplo, tenemos que conocer el número de trabajadores que se necesita para fabricar cada nevera o televisor. La gráfica nos muestra las posibles opciones. La primera columna nos muestra el resultado si se dedica toda la mano de obra a la producción de neveras solamente. Hay 100 trabajadores. Se requieren dos por semana para cada nevera o para cada televisor. Así se puede fabricar un total de 50 neveras por semana si dedicamos toda la mano de obra a las neveras. Pero luego no podemos fabricar televisores. Si queremos televisores tenemos que reducir el número de neveras que se fabrican. Esta es la decisión que hay que tomar.

Total de mano de obra	Número de neveras	Número de mano de obra por nevera	Total de mano de obra para neveras
100	50	2	100
100	40	2	80
100	30	2	60
100	20	2	40
100	10	2	20
100	0	2	0

La gráfica nos muestra todas las opciones. Si producimos sólo 40 neveras por semana, 20 trabajadores podrían dedicarse a producir televisores. Podríamos producir 10 televisores por semana. Eso nos daría 40 neveras y 10 televisores por semana. El costo de oportunidad para los 10 televisores son las 10 neveras que no se fabricaron porque dedicamos los 20 trabajadores a los televisores en lugar de las neveras.

Microeconomía y macroeconomía

La microeconomía estudia al consumidor como individuo. ¿Por qué se comporta de cierta manera? ¿Qué es lo que le motiva a comprar ciertos productos

---

[5]*available*   [6]*to manufacture*

y no otros? ¿En qué se basan esas decisiones? ¿Cuáles son los factores que efectúan los cambios en los patrones de consumo? Además de los economistas, los psicólogos, los sociólogos y los publicistas se interesan en estas preguntas y sus respuestas. Las respuestas a estas preguntas les explican a los economistas lo que está ocurriendo actualmente[7] en los mercados y les ayuda a prever[8] lo que ocurrirá en el futuro.

Es importante recordar que la simple compra de un bien envuelve un número de factores tales como los precios, los gustos, la renta, los deseos y la disponibilidad[9] de los distintos bienes. Cuando se entienden todos los factores y su influencia en el consumidor, se puede predecir como va a responder el consumidor a un cambio en el precio de determinado producto u otro factor que influya en el mercado.

Si la microeconomía se enfoca en el individuo, la macroeconomía estudia la economía en su totalidad; es el estudio del conjunto de los comportamientos económicos. Las teorías macroeconómicas tratan de explicar el ciclo comercial; la política macroeconómica trata de controlarlo. El enfoque de la macroeconomía es la producción total de bienes y servicios. Estudia por qué hay expansiones y recesiones. ¿Por qué suben los precios más de prisa en una época que en otra, o sea, por qué es la tasa de inflación más alta en una época que en otra? ¿Por qué sufrimos períodos de desempleo? ¿Cuál es el efecto que tiene el déficit público en la inflación y en el desempleo? En comparación con otras monedas, ¿cómo afecta el valor del dólar a la economía de los EE.UU.?

---

[7]*nowadays, today*   [8]*to foresee*   [9]*availability*

ESTUDIO DE PALABRAS

Ejercicio 1   As you continue with your readings in economics and finance, you will recognize many terms in Spanish because of the similarity to their English equivalents. These words that look alike and mean the same thing in two languages are called "cognates." Study the following cognates that appear in this chapter.

la economía	el servicio	la inflación
la decisión	la oportunidad	la expansión
la producción	el costo	el déficit
la distribución	la actividad	la comunicación
el consumo	la manufactura	el transporte
la necesidad	el factor	el capital
el individuo	la totalidad	la aplicación
la institución	el ciclo	las circunstancias
la provisión	la recesión	la tecnología

eficiente	describir	decidir
básico	producir	competir
humano	distribuir	determinar
mecánico	consumir	requerir
técnico	limitar	reducir
profesional	considerar	motivar
público	dedicar	explicar
limitado	sacrificar	controlar
material	usar	afectar

Ejercicio 2   Match the verb in Column A with its noun form in Column B.

A	B
1. reducir	a. la competencia
2. competir	b. el control
3. dedicar	c. la motivación
4. controlar	d. la ocurrencia
5. proveer	e. la reducción
6. decidir	f. la necesidad
7. ocurrir	g. la provisión
8. sacrificar	h. la satisfacción
9. necesitar	i. la dedicación
10. satisfacer	j. el consumo
11. motivar	k. la decisión
12. consumir	l. el sacrificio

Ejercicio 3   Match the word in Column A with its opposite in Column B.

A	B
1. la recesión	a. la recesión
2. la expansión	b. la institución
3. producir	c. la parte
4. el individuo	d. la inflación
5. la totalidad	e. privado
6. público	f. consumir

Ejercicio 4   Study the following words and then complete each statement.

producir	la producción	el productor
distribuir	la distribución	el distribuidor
consumir	el consumo	el consumidor

1. El productor _____ los bienes y el consumidor los _____.
2. El _____ _____ productos para el _____ del _____.
3. Los productos o bienes no llegan al consumidor sin la ayuda del _____.

4. El transporte es muy importante en la _____ de productos o bienes.
5. La economía es el estudio de las decisiones que se toman en la
_____, _____ y _____ de bienes y servicios.

Ejercicio 5   Give the word being defined.
1. un alza o aumento en los precios
2. un período de tiempo cuando existe una baja en las actividades comerciales o económicas
3. una serie de eventos en orden determinado
4. los fondos, el dinero
5. la acción de fabricar o hacer un producto o con la mano de obra o con la ayuda de máquinas
6. un desequilibrio entre ganancias *(earnings)* y gastos *(expenses),* o sea, más gastos que ganancias

Ejercicio 6   Match the English word or expression in Column A with its Spanish equivalent in Column B.

A	B
1. goods	a. la mano de obra
2. managerial manpower	b. los bienes
3. resources	c. el costo
4. real estate	d. los bienes raíces
5. cost	e. las posibilidades de producción
6. workers	f. el equipo
7. manpower	g. la materia prima
8. production possibilities	h. los recursos
9. patterns	i. los trabajadores, los obreros
10. market	j. la mano de obra gerencial
11. income	k. la renta
12. advertisers	l. la tasa de interés
13. business cycle	m. los patrones
14. economic policy	n. el mercado
15. economic behavior	o. la política económica
16. interest rate	p. el ciclo comercial
17. equipment	q. los publicistas
18. raw material	r. los comportamientos económicos

Ejercicio 7   Select the appropriate word(s) to complete each statement.
1. Los ingresos o el dinero que uno recibe es _____.
   a. el costo   b. el precio   c. la renta
2. Lo que hace el gobierno para controlar la economía es _____.
   a. el ciclo comercial   b. la política económica
   c. el comportamiento económico

3. El conjunto de mecanismos que operan entre el comprador y el vendedor de un bien o servicio es _____.
   a. la distribución   b. la mano de obra   c. el mercado
4. Para satisfacer las necesidades de la sociedad, es necesario producir o proveer _____ y servicios.
   a. bienes   b. recursos   c. patrones
5. Lo que cuesta hacer algo es _____.
   a. el mercado   b. los recursos   c. el costo
6. El contrario de «la venta» (de «vender») es _____.
   a. la compra   b. el consumo   c. la distribución
7. Si hay muchos que quieren trabajar sin poder encontrar trabajo, existe un período de _____.
   a. mano de obra   b. desempleo   c. inflación
8. La propiedad, tal como casas o fábricas, que tiene un individuo o una institución son _____.
   a. recursos humanos   b. rentas   c. bienes raíces
9. A veces el ciclo comercial sigue _____ determinados y a veces no.
   a. depresiones   b. publicistas   c. patrones
10. La mano de obra gerencial es la mano de obra _____.
   a. directiva   b. obrera   c. profesional

Ejercicio 8   Match the expression in Column A with its description in Column B.

A	B
1. los recursos económicos	a. la mano de obra
2. los recursos humanos	b. la materia prima como el petróleo y los minerales
3. los recursos naturales	c. el dinero disponible
4. los recursos fabricados	d. el equipo mecánico

Ejercicio 9   Give the Spanish equivalent for each of the following terms.
   1. interest rate
   2. inflation rate
   3. unemployment rate

COMPRENSION

Ejercicio 1   True or false?
   1. La economía estudia la producción, distribución y consumo de bienes y servicios de una sociedad.
   2. Las necesidades materiales de la sociedad humana son universales, o sea, iguales en todas partes.
   3. La escasez significa sin límite—ilimitada.
   4. Como los recursos productivos y humanos son ilimitados, es posible producir bienes para satisfacer cualquier necesidad sin restricción.

Ejercicio 2   Select the appropriate word(s) to complete each statement.
1. Los recursos naturales son _____.
   a. ilimitados   b. escasos   c. productivos
2. La economía trata de satisfacer _____.
   a. las necesidades humanas   b. la publicidad   c. los servicios de lujo
3. Una necesidad básica es el _____.
   a. servicio doméstico   b. capital   c. albergue
4. El albergue es _____.
   a. la comida   b. la vivienda, la casa o el alojamiento   c. el lujo
5. Las opiniones entre lo que se va a producir y lo que no se va a producir son _____.
   a. las posibilidades de producción   b. el costo de oportunidad
   c. el ciclo comercial
6. Las combinaciones de bienes y servicios que se pueden producir son
   _____.
   a. las posibilidades de producción   b. el costo de oportunidad
   c. el ciclo comercial

Ejercicio 3   Tell whether each statement describes **microeconomía** or **macroeconomía.**
1. el estudio de las expansiones y recesiones económicas mundiales
2. el valor de las monedas (divisas) internacionales
3. los patrones de consumo de los individuos de una sociedad
4. la tasa de inflación y la tasa de desempleo
5. el futuro del mercado de cierto bien o producto

Ejercicio 4   Answer.
1. ¿Qué estudia la economía?
2. ¿Cuál es el propósito principal de la economía?
3. ¿Por qué es necesario sacrificar la manufactura de un producto o bien por otro?
4. ¿Cuál es la mayor diferencia entre la microeconomía y la macroeconomía?

Ejercicio 5   In your own words, explain each of the following terms.
1. los recursos económicos
2. la escasez
3. el costo de oportunidad
4. la macroeconomía

Capítulo 2
SISTEMAS ECONOMICOS

Este siglo es el siglo de los «-ismos». Los -ismos, en general, se refieren a sistemas económicos y, por extensión, a los sistemas políticos que se desarrollan[1] en su torno. El capitalismo, el socialismo, el comunismo y hasta el fascismo son sistemas que se basan en una ideología económica. Si pensamos en las economías de un extremo a otro, vemos al capitalismo puro, de puro libre mercado o *laissez faire* (expresión francesa que significa «dejar hacer») a un lado, y al otro extremo la economía autoritaria, totalmente controlada, cuyo mejor ejemplo sería alguna versión de puro comunismo. Apenas existe una economía «pura» de un extremo u otro. Casi todas las economías son mixtas, el capitalismo con algunos controles gubernamentales, por ejemplo, y el comunismo con algunos pequeños negocios privados. La economía de Hong Kong es un ejemplo de una economía *laissez faire* aunque tampoco totalmente pura. La economía de la China en la época de Mao Zedong se acercaba al extremo de una economía controlada o autoritaria.

Las sociedades y los gobiernos de los países industrializados tratan de resolver «la cuestión económica» de varias maneras. La clave[2] para diferenciar las economías son las respuestas a estas dos preguntas. ¿En manos de quién están los medios de producción? ¿Cómo se dirige y se coordina la actividad económica?

Economía de libre mercado

En el sistema de libre mercado o capitalismo, los recursos de producción están en manos privadas. La actividad económica se controla por medio de un sistema de precios y mercados. La toma de decisiones está en manos de una gran variedad de individuos y organizaciones. Las decisiones se basan en los propios intereses de los individuos y organizaciones, en lo que les beneficia a ellos. Cada uno quiere obtener el máximo posible de renta o ingreso. Los mercados proveen el mecanismo mediante[3] el cual las preferencias y las decisiones se coordinan y se comunican. La competencia en la producción de bienes y servicios resulta en un gran número de vendedores y compradores para cada producto. Estos vendedores y compradores funcionan independientemente. En teoría, el sistema de libre mercado

---

[1] *develop*   [2] *key*   [3] *by means of*

resulta en la eficiencia, la estabilidad laboral y el crecimiento[4] económico. El papel del gobierno en este sistema es el de proteger la propiedad privada y facilitar el funcionamiento del libre mercado. Es más; se considera que la intervención del Estado en la economía interfiere con la eficiencia con que funciona el libre mercado.

Economía autoritaria

En una economía autoritaria o controlada, el papel del gobierno es primordial (muy importante). Apenas existe la propiedad privada. Los recursos productivos pertenecen al pueblo, al Estado. La toma de decisiones y la planificación económica están centralizadas. En cada industria una junta directiva[5] determina lo que se produce, cuanto se produce, los recursos que se emplean y como se distribuye el bien final. En la planificación se especifican las metas de producción, las cantidades de varios recursos que se van a usar y la mano de obra que se necesita. El gobierno determina la ocupación de cada trabajador y donde va a trabajar. El gobierno decide si se van a producir tractores, automóviles o tanques. Como ya sabemos, no existe ninguna economía totalmente autoritaria, aunque sí hay países donde el Estado ejerce un control dominante sobre la economía hasta el punto de determinar para sus ciudadanos[6] dónde van a vivir, en qué van a trabajar, qué es lo que van a comer y la ropa que van a llevar.

Economía mixta

Si no existe ni una economía de libre mercado, ni una economía totalmente autoritaria, ¿cómo se puede describir las economías actuales? Son mixtas, todas. En una economía mixta, tanto el sector privado como el Estado tienen un papel en la toma de decisiones económicas. Una economía mixta puede aproximarse al modelo autoritario o al modelo de libre mercado, o caer en cualquier punto entre los dos extremos. En Hong Kong, por ejemplo, el gobierno casi no interviene en la economía. No obstante, impone impuestos y emplea los fondos para proveer educación y otros servicios sociales. En la Unión Soviética la economía está alejándose más y más del modelo autoritario y está incorporando elementos de libre mercado. En los EE.UU. el Estado provee gran número de servicios al público, incluso el Seguro Social. En una economía de libre mercado puro, el Estado no proveería ninguno de esos servicios. Las economías de los países comunistas, por lo general, tienden a ser más autoritarias, pero con mucha variación entre ellas. En los países socialistas escandinavos—Suecia, Dinamarca, Noruega, Finlandia—tradicionalmente, la gente depende del Estado para muchos servicios sociales y paga impuestos muy altos. Un poco más cerca del modelo de libre mercado están Singapúr, el Japón y los EE.UU.

---

[4]*growth*   [5]*Board of Directors*   [6]*citizens*

ESTUDIO DE PALABRAS

Ejercicio 1   Study the following cognates that appear in this chapter.

el sistema político	la protección	existir
el capitalismo	el interés	resolver
el socialismo	la intervención	diferenciar
el comunismo	la planificación	coordinar
el fascismo	la industria	basarse
la ideología	la ocupación	beneficiar
el extremo	el sector	obtener
la cuestión	los fondos	facilitar
el máximo		interferir
el mecanismo	puro	especificar
la preferencia	autoritario	ejercer
la competencia	mixto	aproximarse
la teoría	gubernamental	intervenir
la eficiencia	industrializado	
la estabilidad	centralizado	
el funcionamiento		

Ejercicio 2   Match the verb in Column A with its noun form in Column B.

A	B
1. existir	a. la competencia
2. resolver	b. la intervención
3. competir	c. el ejercicio
4. basarse	d. la resolución
5. intervenir	e. la preferencia
6. beneficiar	f. el beneficio
7. coordinar	g. la existencia
8. funcionar	h. la coordinación
9. preferir	i. la base
10. ejercer	j. el funcionamiento
11. proteger	k. la protección

Ejercicio 3   Tell whether each word or expression relates more to **el comunismo** or **el capitalismo.**

1. autoritario
2. economía de libre mercado
3. propiedad privada
4. centralizado
5. intervención gubernamental
6. competencia
7. planificación gubernamental
8. sector privado

Ejercicio 4   Select the appropriate word(s) to complete each statement.

1. El comunismo es _____ .
   a. una ideología   b. un mecanismo   c. una industria
2. En un sistema económico autoritario el gobierno _____ mucho.
   a. beneficia   b. resuelve   c. interviene
3. El capitalismo puro considera la intervención gubernamental en la economía _____ .
   a. un mecanismo útil   b. una interferencia innecesaria
   c. un funcionamiento eficaz
4. La falta de inflación, de tasas de interés *(interest rates)* muy altas y de desempleo indica un período económico de _____ .
   a. planificación   b. estabilidad   c. competencia
5. El comunismo _____ más al socialismo que al capitalismo.
   a. se aproxima   b. facilita   c. coordina

Ejercicio 5   Give the word being defined.

1. lo que hace una persona, la profesión u oficio que ejerce
2. del gobierno
3. el capital, el dinero
4. que tiene mucha industria
5. no mixto
6. la parte de la población, el área
7. la pregunta
8. la explicación de un fenómeno, una opinión

Ejercicio 6   Match the word in Column A with its definition in Column B.

A	**B**
1. el comprador	a. el que vende
2. los ingresos	b. el que compra
3. la meta	c. el dinero o los fondos que uno recibe
4. los impuestos	d. el objetivo, el propósito
5. el papel	e. el rol
6. el vendedor	f. el dinero que se paga al gobierno
7. la competencia	g. la rivalidad entre dos o más individuos, productos, empresas, etc.
8. la renta, el ingreso	h. el dinero que uno recibe

Ejercicio 7   Select the appropriate word(s) to complete each statement.

1. En los Estados Unidos el individuo tiene que pagar _____ al gobierno.
   a. intereses   b. impuestos   c. fondos
2. El capitalismo se basa en un sistema económico _____ .
   a. autoritario   b. de proteccionismo   c. de libre mercado

3. En un sistema económico de libre mercado, hay más _____ que en un sistema comunista.
   a. competencia   b. planificación   c. intervención gubernamental
4. No hay una sola política económica. Hay _____.
   a. muchas planificaciones   b. muchos mecanismos
   c. muchas teorías
5. En un sistema de libre mercado abundan _____.
   a. los mecanismos centralizados   b. los negocios privados
   c. las ideologías
6. En muchas compañías la toma de decisiones está en manos _____.
   a. de la junta directiva   b. del crecimiento económico
   c. del Seguro Social

COMPRENSION

Ejercicio 1   True or false?
1. Bajo el comunismo el gobierno tiene un papel importante en la planificación económica.
2. La mayoría de los sistemas económicos son autoritarios.
3. Pero en los Estados Unidos existe el capitalismo puro.
4. En el sistema capitalista, los medios de producción están en manos del sector privado.
5. En una economía autoritaria, la propiedad privada tiene un papel primordial.
6. La mayoría de los sistemas no son ni completamente autoritarios ni de puro libre mercado. Son mixtos.
7. En un sistema autoritario, el gobierno determina las metas de producción, los recursos que se van a usar y la mano de obra que se necesita.

Ejercicio 2   Answer.
1. ¿A qué se refieren los «-ismos»?
2. Explique en qué sentido casi todas las economías son mixtas.
3. ¿Cuáles son dos preguntas primordiales para diferenciar un sistema económico de otro?
4. ¿Por qué es importante la competencia en un sistema de libre mercado?
5. ¿Por qué no existe (o casi no existe) la competencia en un sistema autoritario?

Ejercicio 3   Make a list of five characteristics of **una economía autoritaria** and **una economía de libre mercado.**

Capítulo 3
OFERTA, DEMANDA Y MERCADO

Mercado

La actividad económica, la venta y la compra, ocurre en el mercado. La palabra nos hace pensar en el mercado tradicional donde el agricultor o el artesano traía su producto para venderlo directamente al consumidor. La función del mercado no ha cambiado. Es cualquier lugar donde los individuos compran o venden recursos o productos. Pero hoy se encuentra igual en Wall Street que en un pueblo maya. En los EE.UU. casi 250 millones de consumidores y 17 millones de entes comerciales participan en el mercado, además de miles de agencias gubernamentales.

Para ver como funciona el mecanismo del mercado es útil contestar a estas tres preguntas. ¿Qué es lo que determina el precio de un bien o servicio? ¿Qué cantidad de determinado producto se producirá? ¿Por qué se ven cambios frecuentemente en los precios y las cantidades producidas de un bien? La participación en el mercado es resultado de dos limitaciones: nuestra falta de capacidad como individuos para producir todo lo que deseamos y necesitamos y las limitaciones de tiempo, energía y recursos que tenemos para producir hasta las cosas que somos capaces de producir. Por eso nos especializamos y tomamos parte en el mercado.

Mercado de factores y mercado de productos Se puede considerar el mercado como dos mercados: un mercado de factores donde ocurre la compra y venta de los factores de producción—la tierra, la mano de obra, el capital, etc.,— y un mercado de productos donde se compran y venden bienes y servicios finales. El obrero que va en busca de empleo, lo que hace es ofrecer un factor de producción—su mano de obra—al productor. Si le dan empleo, porque el precio del factor—el salario—es aceptable y necesitan la mano de obra, esta interacción tiene lugar en el mercado de factores. El mismo obrero, al terminar su jornada[1], va a un bar a tomar una cerveza[2]. En esta interacción, el comprador—el obrero— participa en el mercado de productos cuando paga por la cerveza, un producto final.

---

[1]*day* [2]*beer*

ARNULFO L. OLIVEIRA MEMORIAL LIBRARY
1825 MAY STREET
BROWNSVILLE, TEXAS 78520

Demanda

La demanda es la disposición a comprar un producto a determinado precio. Para que haya «demanda», el producto tiene que venderse. El deseo o la necesidad de obtener el producto no constituye la demanda; la compra del producto hace que haya demanda. Hay una llamada «ley de la demanda» que dice que cuando el precio de un bien sube, se reduce la cantidad que se demanda. Dicho de otra manera, la gente comprará mayor cantidad de un bien a un precio bajo que a un precio más alto.

La función de demanda es la relación entre la cantidad demandada de un bien y su precio. Aquí hay un ejemplo.

BICICLETAS COMETA

Precio en pesos	Cantidad vendida
1000	15
900	25
800	35
700	45
600	55

Esta relación entre precio y demanda se puede describir gráficamente con una «curva de demanda».

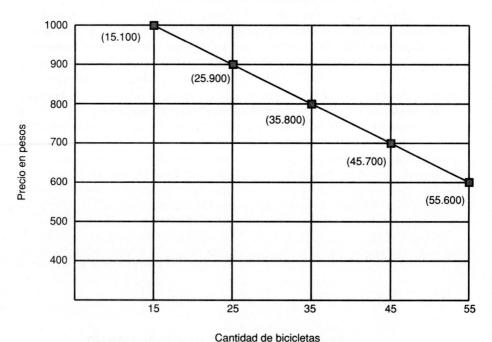

Curva de demanda para Bicicletas Cometa

Cantidad de bicicletas

La figura se basa en las ventas de Bicicletas Cometa. La curva de demanda presenta la cantidad demandada de un producto a cada precio. (Se supone que otros factores que afectan la demanda son constantes.) Normalmente la curva de demanda tiene pendiente[3] negativa. Los precios aparecen en el eje[4] vertical. El eje horizontal muestra la cantidad de producto demandada. La pendiente negativa indica que cuando uno de los valores sube, el otro desciende.

La demanda no es constante. Varios factores afectan la demanda haciendo que suba o baje. Estos factores determinantes son los siguientes.

Gustos Es muy difícil saber cómo y cuándo el público va a cambiar de gusto. La leche se vendía en botellas. Los envases de cartón[5] resultaron más prácticos. La demanda para leche en botellas bajó. El invento de la cámara de video afectó negativamente la demanda para cámaras de cine.

Rentas/Ingresos Cuando la gente gana más dinero, compra más; cuando gana menos, compra menos. La demanda se relaciona directamente con la renta o los ingresos.

Precios de productos similares Existen muchos productos que pueden sustituir a otros. Si el precio de una marca de refresco tipo cola sube, mucha gente comprará refresco cola de otra marca. Cuando el pescado[6] está muy caro, la demanda para la carne[7] sube. Los productos que sirven de sustituto a otro se llaman «sustitutivos». Los bienes complementarios, o simplemente, «los complementarios», son aquéllos que si el precio de uno sube la cantidad del otro baja. Los automóviles y la gasolina son clásicos ejemplos de bienes complementarios. Cuando el precio de la gasolina sube dramáticamente, la demanda para automóviles se reduce.

Número de clientes potenciales La demanda sube o baja con relación a la población del área. Esto se ve obviamente en la demanda para vivienda[8]. En áreas que pierden población la demanda para casas y apartamentos es muy reducida. En Houston, Texas, durante el «boom» en la industria del petróleo, la demanda para vivienda era altísima. En los años 80, cuando se acabó el «boom», había poco trabajo en Houston, la demanda para la vivienda era casi inexistente.

Cuando la demanda para un bien sube, la curva de demanda se mueve hacia la derecha en la gráfica. Cuando la demanda se reduce, la curva de demanda se mueve hacia la izquierda.

Oferta

La oferta es la cantidad de un bien que un productor quiere y puede producir y poner en venta a cada precio específico en una serie de posibles precios durante determinado período de tiempo. Existe una relación positiva entre el precio y la cantidad que se provee. Sube el precio y las cantidades correspondientes suben; baja el precio y las cantidades bajan. Esta relación se conoce como la «ley de la oferta». Es lógico. El productor está dispuesto a vender mayor cantidad de su producto a un precio elevado que a un precio bajo.

---

[3]*slope*   [4]*axis*   [5]*cardboard containers (cartons)*   [6]*fish*   [7]*meat*   [8]*housing*

La función de oferta es la relación entre la cantidad ofrecida de un bien y su precio. Aquí vemos la función de oferta para el ejemplo de Bicicletas Cometa.

Precio en pesos	Cantidad de bicicletas ofrecidas
1000	55
900	45
800	35
700	25
600	15

Hay también una curva de oferta. En la gráfica que muestra la «curva de oferta», el eje vertical representa el precio, y el eje horizontal representa la cantidad del bien que se provee.

Curva de oferta para Bicicletas Cometa

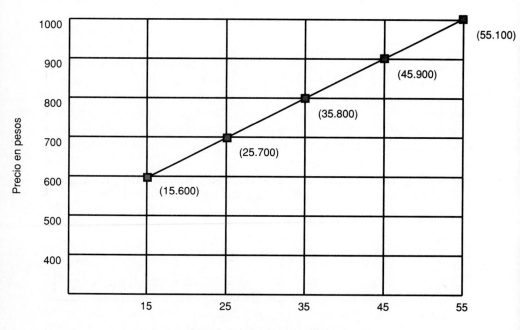

Cantidad de bicicletas ofrecidas

El fabricante de bicicletas va a proveer más producto si recibe más dinero. El precio del producto determina la cantidad que se producirá. Esta es la «ley de la oferta». A un precio mayor el productor se dispone[9] a proveer mayor cantidad del producto que a un precio inferior. La curva de oferta normalmente presenta una pendiente positiva, es decir, comienza en la esquina[10] izquierda inferior y sube hasta la esquina derecha superior. Una pendiente positiva indica que cuando uno de los valores sube, el otro valor subirá también.

En el caso de Bicicletas Cometa se ve que las curvas de demanda y de oferta, si se combinaran, cruzarían[11]. El punto donde cruzarían corresponde a un precio de 800 pesos y la cantidad de 35 bicicletas y se llama el «punto de equilibrio»[12]. Si el precio subiera, se venderían menos bicicletas y resultaría en un excedente[13] de producto. El excedente impone una reducción en el precio. Un precio por debajo de los 800 pesos resultaría en una escasez[14] que entonces obligaría un alza de precio.

CURVAS DE DEMANDA Y OFERTA PARA BICICLETAS COMETA

Precio en pesos	Cantidad demandada	Cantidad ofrecida	Excedente o escasez
1000	15	55	+ 40
900	25	45	+ 20
800	35	35	0
700	45	25	- 20
600	55	15	- 40

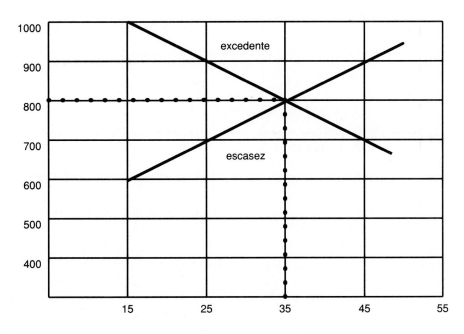

Cantidad de bicicletas demandada y ofrecida

---

[9]*is ready*   [10]*corner*   [11]*would intersect*   [12]*breakeven point*   [13]*surplus*   [14]*shortage*

ESTUDIO DE PALABRAS

Ejercicio 1   Study the following cognates that appear in this chapter.

el agricultor	el público	potencial
el artesano	el invento	específico
la función	el sustituto	elevado
las agencias	el cliente	
gubernamentales	la población	especializarse
la limitación	la serie	obtener
la capacidad	la curva de demanda	constituir
la energía	la disposición	reducir
el factor		relacionarse
el salario	constante	sustituir
la interacción	similar	
la demanda	complementario	

Ejercicio 2   Choose the word being defined.

el agricultor	la disposición	potencial
el vendedor	la población	la demanda
el salario	la cantidad	especializarse
obtener	sustituir	similar
específico	el cliente	reducir

1. el que trabaja en la finca, en la granja, en el campo o en la agricultura
2. definido, preciso
3. un individuo que compra algo de un vendedor o que usa y paga el servicio de otra persona
4. posible, que puede existir
5. el dinero que uno recibe por su trabajo
6. el número de cosas o bienes
7. la cantidad de un producto que la gente quiere o necesita y que comprará
8. reemplazar una cosa con otra
9. semejante, no muy diferente
10. la inclinación a hacer algo
11. recibir, conseguir, adquirir
12. bajar, disminuir
13. el número de habitantes
14. dedicarse a una cosa específica

Ejercicio 3   Select the appropriate word(s) to complete each statement.

1. Como individuos no tenemos _____ para producir todo lo que deseamos o necesitamos.
   a. la capacidad   b. el salario   c. la limitación
2. Si le dan empleo, le tienen que pagar _____.
   a. impuestos   b. el cliente   c. un salario
3. El _____ compra, no vende.
   a. vendedor   b. cliente   c. productor

4. El conjunto de clientes que tiene el productor de un bien o servicio es su

   _____.
   a. limitación   b. función   c. público
5. La demanda y la oferta fluctúan. No son _____.
   a. específicas   b. constantes   c. potenciales

Ejercicio 4   Match the English word or expression in Column A with its Spanish equivalent in Column B.

	A		B
1.	sale	a.	los ingresos, las rentas†
2.	purchase	b.	la oferta
3.	brand	c.	el fabricante
4.	value	d.	la compra
5.	rise, increase	e.	bajar
6.	offer, supply	f.	la venta
7.	employment, job	g.	el empleo
8.	to increase, go up	h.	el alza
9.	to decrease, go down	i.	el ente
10.	entity	j.	el valor
11.	income	k.	subir
12.	manufacturer	l.	la marca

Ejercicio 5   Match the word in Column A with its opposite in Column B.

	A		B
1.	los gastos, costos	a.	la demanda
2.	la compra	b.	bajar
3.	la baja	c.	constante
4.	subir	d.	los ingresos
5.	la oferta	e.	indefinido
6.	similar	f.	el alza
7.	específico	g.	diferente, distinto
8.	fluctuante	h.	la venta

Ejercicio 6   Complete each statement with the appropriate word(s).
1. Cada tienda tiene un gran surtido de mercancías en _____ para satisfacer los deseos de sus clientes.
2. Vale una gran cantidad de dinero. El diamante tiene mucho _____.
3. La Ford es la _____ de un automóvil americano bastante económico.
4. El quiere trabajar y está buscando _____.
5. Si hay un _____ en la demanda de un producto, es seguro que el precio no va a _____.
6. El mercado de un bien depende siempre de la _____ y la demanda.

---

†The word **rentas** can mean *income* or *profit*.

COMPRENSION

Ejercicio 1   True or false?
1. La venta y la compra de bienes y servicios son actividades económicas.
2. La función del mercado cambia constantemente.
3. Los únicos participantes en el mercado son los consumidores individuales.
4. El deseo de obtener un producto constituye la demanda.
5. Es la compra del producto que constituye la demanda.
6. Cuando el precio de un bien sube, sube también la demanda del bien.
7. La demanda de un producto permanece constante.
8. Los gustos de la gente tienen mucho que ver con la demanda de un bien.
9. Los bienes complementarios son productos similares que se pueden sustituir fácilmente.
10. La oferta es la cantidad de un bien que el productor puede y quiere producir y poner en venta por un período de tiempo y a un precio específico.

Ejercicio 2   Indicate whether the description fits **un mercado de factores, un mercado de productos** or **una combinación de los dos mercados.**
1. La señora Figueroa entra en una agencia y compra un automóvil.
2. La familia López va a cenar en un restaurante.
3. Los Salas van a una agencia de bienes raíces y compran un lote de terreno para levantar un edificio.
4. El obrero va cada mañana a la fábrica a trabajar.

Ejercicio 3   Answer.
1. ¿Qué es lo que determina el precio de un bien o servicio y la cantidad del producto que se producirá?
2. ¿Por qué participa tanta gente en el mercado?
3. ¿Qué es la demanda?
4. ¿Qué es la oferta?
5. Cuando el precio de un bien sube, ¿qué pasa con la demanda?
6. ¿Cómo se llama este fenómeno?
7. ¿Cuáles son algunos factores importantes que afectan la demanda de un bien o producto?

Ejercicio 4   Identify each of the following terms.
1. el mercado
2. el precio
3. la demanda
4. la oferta
5. la ley de demanda
6. la curva de la demanda
7. los sustitutivos
8. los complementarios
9. la ley de la oferta

Capítulo 4
EL ESTADO Y
LA ECONOMIA

Bienes privados y bienes públicos

Como no existe ninguna economía puramente de libre mercado, en todas las economías—salvo[1] el caso de algunas sociedades primitivas—el Estado desempeña un papel importante. Y en algunas economías desempeña un papel dominante. En una economía mixta como la de los EE.UU. el Estado provee una serie de bienes y servicios al público. Estos bienes y servicios se llaman «bienes públicos». El automóvil que uno compra y paga directamente obviamente es un «bien privado», igual que la gasolina que necesita el vehículo. El individuo toma la decisión sobre comprar o no comprar un auto, o qué tipo de auto va a comprar y la cantidad y el tipo de gasolina. Muy pocos individuos podrían pagar la construcción y mantenimiento de una autopista. Así es que el gobierno provee la autopista y su mantenimiento para todo el mundo. La autopista es un bien público. Otros bienes públicos son los parques estatales y nacionales, las bibliotecas, los cuerpos de bomberos[2] y policías y la educación pública y gratuita. Los bienes privados se someten[3] al principio de exclusión. Los dueños de bienes privados pueden negar su uso a otros.

Leyes y reglamentaciones

Además de proveer bienes públicos, el Estado emplea su poder para corregir externalidades negativas. Una externalidad existe cuando la producción o el consumo de un bien afecta directamente a terceros, a personas o empresas que no tomaron parte en la producción, compra o venta del bien. Una externalidad negativa perjudica a terceros. En 1989 el petrolero[4] *Exxon Valdez* derramó[5] millones de litros de petróleo en las costas de Alaska. Este incidente afectó al medio ambiente y a la economía local, a los pescadores[6] en particular. El gobierno intervino para corregir esta externalidad negativa. El Estado interviene en la economía por medio de una multitud de leyes y reglamentaciones. Estas afectan los ingresos del gobierno por impuestos y aranceles, los sueldos mínimos, las condiciones de trabajo, la protección del medio ambiente, el monopolio, la banca, la Bolsa de Valores, el Seguro Social, la educación pública, el transporte por tierra, mar y aire y mucho más.

---

[1]*except*   [2]*fire departments*   [3]*are subject to*   [4]*oil tanker*   [5]*dumped*   [6]*fishing industry*

Redistribución de la renta

El Estado también tiene un papel en la redistribución de la renta. Hasta en los países capitalistas se reconoce la necesidad de proveer asistencia pública a personas necesitadas. Por eso, en los EE.UU. existe el Seguro Social, programas de asistencia para los pobres, los desempleados y otros. Estos pagos por parte del gobierno se llaman «transferencias», ya que no hay ningún cambio de servicios.

Transferencias del gobierno Hay dos clases de transferencias: transferencias en efectivo y transferencias en especie. En la primera, el gobierno provee dinero, como los pagos del Seguro Social. En la segunda, el gobierno provee servicios o productos tales como los cupones de alimentación, asistencia médica gratuita, vivienda con subsidio. Es interesante notar que en el período entre 1960 y 1985 las transferencias del gobierno federal de los EE.UU. subieron de unos 24 millones a unos 425 millones de dólares. El Estado provee bienes y servicios al público. El Estado también es un gran consumidor de bienes y servicios. El gobierno compra aviones, computadoras, automóviles y camiones[7], electricidad y petróleo, papel por toneladas[8] y miles de otros productos y mano de obra. Sólo el gobierno federal emplea a más de 5 millones de personas. A principios de siglo el gobierno federal empleaba a sólo 14 mil personas.

En algunos estados el gobierno estatal tiene un monopolio sobre la venta de bebidas[9] alcohólicas y también sobre la lotería. En muchos países los teléfonos y telégrafos, la radio y televisión y el tabaco son monopolios del gobierno. El gobierno vende esos bienes y servicios al público.

Impuestos

Pero la mayor fuente de ingreso para los gobiernos son los impuestos. Los impuestos deben ser justos, fáciles de recaudar y comprender y no deben afectar negativamente el funcionamiento de la economía. Dos principios básicos son: «el principio del beneficio» y «el principio de capacidad de pago». El primero se basa en la idea de que aquéllos que benefician del servicio que provee el Estado deben pagar el impuesto. El impuesto sobre transporte aéreo, por ejemplo, se dedica a los servicios de control de tráfico aéreo, el mejoramiento de los aeropuertos y otros servicios similares. El segundo principio se basa en la idea de que los que tienen más dinero deben pagar más proporcionalmente. Casi todos los impuestos sobre la renta o los ingresos se basan en este principio. Otro factor o principio adicional es el principio de la productividad. A veces el gobierno emplea la política de impuestos para influir en la economía. Para animar[10] a los industriales a modernizar su planta, el gobierno puede permitirles descontar una porción de los costos de modernización de sus impuestos federales. Otro principio es el de «menos probable de ofender». Estos son los impuestos que no son obvios y que el público probablemente no notará—impuestos sobre artículos de lujo que afectan a pocas personas o impuestos sobre productos como las bebidas alcohólicas y el tabaco.

---

[7]*trucks*   [8]*tons*   [9]*beverages*   [10]*to encourage*

Impuestos progresivos y regresivos Todos los impuestos son o progresivos o regresivos. Un impuesto progresivo obliga a los que gozan de mayor renta pagar una mayor proporción de su ingreso en impuestos. Un impuesto regresivo les hace pagar una mayor proporción de su ingreso a aquéllos que tienen menos renta. Un impuesto proporcional impone el mismo por ciento de impuesto a todos, no importa sus rentas. En los EE.UU. se paga impuestos a los gobiernos federal, estatales y locales. El gobierno federal recauda impuestos sobre rentas personales y corporativas, sobre Seguro Social y sobre aduanas, artículos de lujo, herencia[11] y otros. Los gobiernos estatales recaudan impuestos sobre ventas y sobre rentas personales. Los gobiernos locales dependen mayormente de impuestos sobre bienes raíces. Los impuestos sobre ventas son regresivos. Los impuestos sobre rentas tienden a ser progresivos.

El presupuesto

Los gobiernos tienen que preparar un presupuesto cada año. El presupuesto del gobierno federal de los EE.UU. dedica casi la mitad[12] de los fondos a pagos a individuos, más de una cuarta parte a la defensa nacional, y lo demás se divide entre pagos de asistencia a gobiernos estatales y locales y al pago de intereses sobre préstamos. En los presupuestos estatales y locales, la educación es lo más importante, casi el 40% de ambos.

Cuando el dinero que recauda el gobierno en impuestos no es bastante para cubrir los gastos, el gobierno pide prestado. Pide prestado al público por medio de bonos de ahorro, a los bancos y al Sistema de Reserva Federal por medio de bonos o títulos de gran denominación, a empresas comerciales por medio de bonos y títulos similares a los de los bancos, a los fondos como el del Seguro Social que compran bonos o títulos cuando tienen un superávit.

El producto nacional bruto (PNB)

El problema que confronta los EE.UU. es el de una deuda pública de unos tres millones de millones de dólares. Si se considera que recientemente el PNB de los EE.UU. era de 3.847 mil millones de dólares, la deuda pública representaba más de la mitad del PNB (2.858 mil millones de dólares). El producto nacional bruto es el valor de mercado de todos los bienes y servicios producidos en un período determinado, normalmente un año. Se emplean tres métodos para calcular el PNB: el método de gasto, el método de renta y el método de producción.

Con el método de gasto se computa el PNB sumando[13] todos los gastos por bienes y servicios nuevos producidos en un año. Porque alguien tiene que pagar por toda nueva producción, se puede medir[14] la producción midiendo el gasto. El método de renta calcula el PNB sumando todas las rentas ganadas en la producción del PNB. Si la renta depende del valor de la producción, entonces se puede medir el valor de la producción midiendo la renta. El método de producción suma los bienes y servicios producidos en un año y su actual precio al detal.

---

[11]*inheritance*   [12]*half*   [13]*adding up*   [14]*measure*

Si la deuda pública de tres millones de millones de dólares es más de la mitad del PNB, ¿es grave el problema? Al final de la Segunda Guerra Mundial en 1945, la deuda pública de los EE.UU. era de sólo 230 mil millones de dólares, pero representaba el 125% del PNB. La deuda pública en 1986 era 10 veces más grande que en 1945, pero representaba sólo el 50% del PNB. Para algunos economistas la tendencia de la deuda significa más que el tamaño[15] de la deuda. Entre 1945 y 1980, el PNB creció más rápido que la deuda. Pero de 1980 al 1985 la deuda creció más rápido que el PNB.

Durante algunos años el Estado opera con un déficit presupuestario. Los ingresos son inferiores a los gastos. A causa de los déficit el gobierno tiene que aumentar los impuestos o pedir prestado.

---

[15]*size*

ESTUDIO DE PALABRAS

Ejercicio 1   Study the following cognates that appear in this chapter.

el caso	el cupón	mínimo
el tipo	el subsidio	máximo
la construcción	la electricidad	proporcionalmente
el mantenimiento	el industrial	federal
el policía	la planta	estatal
la educación	la porción	obvio
las externalidades	un artículo de lujo	progresivo
la multitud	la defensa nacional	regresivo
las reglamentaciones	la tendencia	
la condición	el déficit	intervenir
el monopolio		modernizar
la banca	primitivo	descontar
el transporte	dominante	computar
la asistencia	nacional	calcular
la redistribución	gratuito	

Ejercicio 2   Match the verb in Column A with its noun form in Column B.

A	B
1. educar	a. la defensa
2. construir	b. la redistribución
3. transportar	c. la asistencia
4. defender	d. la educación
5. asistir	e. la construcción
6. redistribuir	f. el transporte

Ejercicio 3   Select the appropriate word(s) to complete each statement.
1. El gobierno paga _____ de las autopistas.
   a. la condición   b. la asistencia   c. el mantenimiento
2. A los gobiernos en muchos países en vías de desarrollo *(developing)* les interesa mucho la _____ de la tierra.
   a. construcción   b. redistribución   c. defensa
3. Lo contrario de «el superávit» es _____.
   a. el déficit   b. la multitud   c. el subsidio
4. El gobierno les da a los pobres (necesitados) _____ para comprar comida.
   a. porciones   b. casos   c. cupones
5. No cuesta nada. Es _____.
   a. gratuito   b. mínimo   c. federal
6. El gobierno federal da _____ a los gobiernos estatales y locales.
   a. externalidades   b. reglamentaciones   c. subsidios

Ejercicio 4   Match the word in Column A with its definition in Column B.

A	B
1. descontar	a. sumar, restar, dividir y multiplicar
2. el déficit	b. la ayuda
3. estatal	c. el privilegio que tiene un individuo o una institución de ser el único proveedor de un bien
4. la planta	
5. gratuito	
6. calcular	d. la fábrica, la instalación
7. la porción	e. más gastos que ingresos en el presupuesto
8. la multitud	
9. la asistencia	f. del Estado
10. el monopolio	g. rebajar una cantidad de una suma (un total, un monto)
	h. sin costo
	i. gran número
	j. la parte

Ejercicio 5   Match the word in Column A with its opposite in Column B.

A	B
1. la porción	a. la destrucción
2. el déficit	b. máximo
3. el industrial	c. primitivo
4. la construcción	d. el agricultor
5. estatal	e. confuso
6. obvio	f. la totalidad
7. mínimo	g. federal
8. moderno	h. el superávit
9. progresivo	i. regresivo

Ejercicio 6   Match the English word or expression in Column A with its Spanish equivalent in Column B.

A	B
1. taxes	a. el pago
2. Social Security	b. el presupuesto
3. tariffs	c. los impuestos
4. cash transfers	d. los bienes raíces
5. Stock Market	e. la deuda
6. transfers in kind	f. el Seguro Social
7. payment	g. recaudar
8. real estate	h. transferencias en efectivo
9. budget	i. los aranceles
10. to collect	j. los bonos de ahorro
11. budgetary	k. la empresa comercial
12. customs	l. la aduana
13. sales	m. transferencias en especie
14. savings bonds	n. la Bolsa de Valores
15. business enterprise	o. las ventas
16. debt	p. al detal
17. retail	q. presupuestario

Ejercicio 7   Match the word or expression in Column A with its definition in Column B.

A	B
1. perjudicar	a. tener un rol
2. bruto	b. hacer o causar daño
3. desempeñar un papel	c. el salario
4. estatal	d. el contrario de «neto»
5. el sueldo	e. del Estado
6. el superávit	f. exceso en el presupuesto

Ejercicio 8   Select the appropriate word(s) to complete each statement.
1. Los individuos y las corporaciones (sociedades anónimas) tienen que pagar _____ al gobierno federal estadounidense.
   a. impuestos   b. bonos   c. títulos
2. El gobierno _____ los impuestos.
   a. paga   b. calcula   c. recauda
3. Una corporación o sociedad anónima es una _____.
   a. aduana   b. bolsa   c. empresa comercial
4. Ni un gobierno, ni una empresa ni aún un hogar *(household)* puede funcionar económicamente sin _____.
   a. una deuda   b. un presupuesto   c. una bolsa
5. Un déficit indica un problema _____.
   a. presupuestario   b. gratuito   c. progresivo

6. Vender en pocas cantidades es vender _____.
   a. al por mayor   b. al detal   c. ventas
7. El dinero que el individuo o la empresa le debe a otro es _____.
   a. una transferencia   b. un arancel   c. una deuda
8. Los mercaderes *(merchants)* tienen que pagar _____ sobre los productos que importan (las importaciones).
   a. aranceles   b. aduanas   c. bonos
9. Si uno paga su comida con cupones de alimentación del gobierno, esta transacción es una _____.
   a. transferencia en efectivo   b. transferencia en especie
   c. transferencia pública
10. Si uno tiene un préstamo *(loan)* tiene que hacer _____ mensuales (cada mes).
    a. pagos   b. demandas   c. deudas

Ejercicio 9   Match the English term in Column A with its Spanish equivalent in Column B.

A	B
1. benefits-received principle	a. el principio (concepto) de productividad
2. ability-to-pay principle	b. el principio (concepto) de capacidad de pago
3. least-likely-to-offend principle	c. el principio de beneficio
4. productivity principle	d. el principio de menos probable de ofender

COMPRENSION

Ejercicio 1   Match the expression or term in Column A with its explanation in Column B.

A	B
1. un bien privado	a. ingresos inferiores a los gastos
2. un bien público	b. el derecho de negar el uso a otros
3. el principio de capacidad de pago	c. el que se beneficia de un servicio gubernamental paga el impuesto
4. el principio de exclusión	d. un automóvil, una casa
5. el principio de menos probable de ofender	e. una acción que puede perjudicar a un tercero
6. una externalidad negativa	f. la autopista, la biblioteca
7. el impuesto progresivo	g. los impuestos sobre artículos de lujo
8. el principio de beneficio	h. el que tiene más dinero paga proporcionalmente más impuestos
9. el producto nacional bruto	i. el valor de mercado de todos los bienes y servicios producidos en un país en un año
10. el déficit	j. impuestos que no son muy obvios

Ejercicio 2   True or false?

1. Aún en una economía capitalista, el Estado provee una serie de servicios y bienes al público.
2. Los países capitalistas no proveen asistencia pública a los necesitados.
3. Los pagos hechos por parte del gobierno se llaman «transferencias».
4. En los EE.UU. el gobierno federal tiene un monopolio sobre los teléfonos, la radio y la televisión.
5. La mayor fuente de ingresos para el gobierno son los impuestos.
6. El gobierno federal recauda impuestos sobre rentas personales y corporativas.
7. En los Estados Unidos casi el 40% del presupuesto federal está dedicado a la educación.
8. El gobierno de los EE.UU. nunca tiene que pedir prestado dinero.
9. La deuda pública sigue subiendo (en aumento).

Ejercicio 3   Answer.

1. ¿Por qué es el automóvil un bien privado y no un bien público?
2. ¿Cuáles son algunos bienes públicos?
3. ¿Cómo interviene el Estado en la economía?
4. ¿Cuáles son algunas intervenciones gubernamentales?
5. ¿Cuáles son algunos servicios de asistencia pública que el gobierno les ofrece a los necesitados?
6. ¿En qué sentido es el gobierno un gran consumidor de bienes y servicios?
7. ¿Cuál es un ejemplo del principio de beneficio?
8. ¿Cómo recaudan la mayoría de sus impuestos los gobiernos locales?
9. ¿Cuál es la diferencia entre un impuesto regresivo y un impuesto progresivo?
10. ¿A qué se dedica el presupuesto federal?
11. Cuando hay un déficit en el presupuesto, ¿qué tiene que hacer el gobierno para recaudar más dinero?

Capítulo 5
EMPRESAS

En los EE.UU. cuando se piensa en una empresa comercial, viene a la mente un gigante como la IBM, la Boeing o General Motors. Las tres pertenecen a un tipo de empresa comercial, la corporación o sociedad anónima. Hay tres categorías de empresa comercial: empresas de propiedad individual, sociedades colectivas y sociedades anónimas.

Las empresas de propiedad individual son las más numerosas; hay más de 12 millones en los EE.UU. Recientemente había un millón y medio de sociedades colectivas y casi tres millones de sociedades anónimas. El número de empresas no correspondía a sus ventas. El promedio[1] de ventas en dólares para cada empresa de propiedad individual era de $42.000. Para cada sociedad colectiva era de $166.000. Y para cada sociedad anónima era de $2.104.000.

Empresa de propiedad individual

Una empresa de propiedad individual pertenece a un individuo, a una sola persona. Esa persona tiene derecho a recibir todos los beneficios que crea el negocio. También tiene la responsabilidad por cualquier pérdida. Hasta podría tener que pagar sus deudas comerciales con su casa y sus bienes personales. Se dice que tiene responsabilidad ilimitada.

Sociedad colectiva

Las sociedades colectivas se forman con dos o más socios que participan juntos en los beneficios. Cada uno de los socios es responsable por cualquier pérdida. Los socios tienen responsabilidad ilimitada, igual que el dueño de una empresa de propiedad individual. Las sociedades colectivas más típicas son los bufetes de abogados[2] y las empresas de auditoría[3].

Sociedad anónima/Corporación

La sociedad anónima se caracteriza por su habilidad de recaudar fondos con la venta de acciones y la emisión de bonos o títulos. Una acción es una unidad de propiedad en la empresa. Le permite al poseedor compartir en las ganancias de la empresa. Un bono o título es un préstamo que se le hace a la empresa. La empresa se obliga a pagar intereses durante determinado período de tiempo, y después de

---

[1]*average*   [2]*attorneys' offices*   [3]*accounting firms*

vencer el tiempo, pagar el valor del bono o título. Según la ley, la sociedad anónima es una persona jurídica. En caso de pérdidas o de quiebra, los dueños, como individuos, personalmente, sólo pueden perder lo que han invertido en la empresa. Tienen responsabilidad limitada.

Control de la corporación El control de una sociedad anónima está en manos de la mayoría de las acciones votantes. Porque los accionistas en una empresa corren algún riesgo, esperan recibir una ganancia. Las ganancias son de dos tipos: los dividendos, que son una porción de las ganancias de la empresa que tienen que ser aprobados por voto de la junta de directores, y las ganancias de capital, que ocurren cuando un accionista vende sus acciones por más dinero de lo que pagó inicialmente. Los dividendos se pagan, por lo general, trimestralmente, que es cada tres meses. El valor de una acción sube o baja según el estado de la empresa y lo que la gente cree que va a ocurrir con la empresa en el futuro.

El objetivo tradicional de las empresas ha sido el de maximizar los beneficios. Los beneficios son la diferencia entre el costo y el ingreso. El ingreso es el total obtenido por la venta de bienes o servicios durante un año (u otro período determinado). Los costos son los gastos para la producción de bienes o servicios que se vendieron durante el año. Los beneficios, o renta neta, es la diferencia entre los costos y el ingreso.

Estados contables

¿Cómo saben los administradores de las empresas cuáles son los costos e ingresos en detalle? Se valen de la contabilidad. Los contables informan a las empresas por medio de estados contables como el estado de resultados (estado de ganancias y pérdidas). Estas cuentas muestran los ingresos, los gastos y los beneficios o renta neta durante determinado período de tiempo.

Estado de resultados En los estados de resultados los contables presentan como ingresos el valor de los bienes y servicios que se venden durante el año, y los costos como el valor de los bienes y servicios que se usan durante el año, independientemente de cuando se pagan. Esta es una razón por la que los estados de resultados no son tan precisos como se desearía. Se ve que existe una diferencia entre los ingresos y los costos, y los pagos recibidos y realizados. Por eso es útil el concepto del flujo de efectivo, que también se llama «cash flow». El flujo de efectivo es la cantidad neta de dinero que una empresa realmente recibe durante determinado período de tiempo. Una empresa puede tener éxito en el sentido de tener muchas ventas, pero si los clientes tardan mucho en pagar, su flujo de efectivo es bajo y afecta su capacidad para cubrir sus propios costos, como la mano de obra, los impuestos, los materiales, etc. El problema del flujo de efectivo es especialmente grave para las empresas nuevas que tienen muchos gastos al principio y pocos clientes. Las empresas nuevas normalmente tienen que invertir en capital físico (activos duraderos inmobiliarios[4]). El edificio[5] (si se compra), la maquinaria y el equipo son capital físico. Pero el costo que importa es

---

[4]*durable*   [5]*building*

el costo de usar el capital físico, no el costo de comprarlo. El uso de la maquinaria disminuye su valor, igual que el valor de un automóvil nuevo disminuye en el momento de comprarlo. El costo de usar la maquinaria es la diferencia entre el precio que se pagó inicialmente y su valor de mercado después de un año. Esta diferencia es la depreciación.

La hoja de balance Otro documento que preparan los contables es la hoja de balance. El balance le indica a la empresa su estado económico en cierto momento. El balance muestra el activo (lo que tiene la empresa), el pasivo (lo que debe) y el patrimonio neto (la diferencia entre el activo y el pasivo). En la hoja de balance, los activos aparecen a la izquierda y los pasivos a la derecha. La suma de activo total y la suma de pasivo total más patrimonio siempre corresponden. Por eso se llama «balance».

Costos de producción

Los costos de producción, según los economistas, pertenecen a dos grupos: los costos o factores fijos y los costos o factores variables. Los costos fijos son aquéllos que no se relacionan con la cantidad de bienes que se producen. Los impuestos sobre bienes raíces, los pagos al banco sobre intereses no varían. Los costos variables sí varían con la cantidad del bien que se produce. El costo de los sueldos y de los materiales que se usan en la producción subirán cuando la cantidad de producto es mayor.

Las empresas tienen que poder ajustar sus métodos de producción para responder a las condiciones del mercado. Ciertos cambios o ajustes se pueden implementar a corto plazo y otros sólo a largo plazo. La definición económica de corto plazo es un período de tiempo en que no pueden variar algunos de los factores de producción. El largo plazo es un período de tiempo que le permite a la empresa cambiar todos los factores de producción. A corto plazo una empresa puede ajustar un factor variable. Por ejemplo, una heladería[6] puede emplear a más dependientes[7] y comprar más material—leche, azúcar, etc.,—para satisfacer mayor demanda a corto plazo. Pero si la demanda incrementa demasiado, a corto plazo no se le puede satisfacer. Habría que comprar más maquinaria, encontrar el dinero para comprarla, buscar una planta física más grande, etc. Esto no se puede lograr a corto plazo, pero a largo plazo, sí.

Lo que es corto plazo y largo plazo varía de industria a industria. El largo plazo para la heladería es muy poco tiempo comparado con el largo plazo para una empresa que fabrica aviones.

Competencia

Una característica de las economías no autoritarias es la competencia en el mercado. Aunque rara vez o nunca existe en la realidad, la competencia perfecta, como concepto, merece estudio. En la competencia perfecta, a los clientes no les importa a quién se le compra el bien o servicio. Buscan el mejor precio. Una empresa en competencia perfecta puede incrementar su beneficio de sólo dos

---

[6]*ice-cream shop*   [7]*employees, clerks*

maneras: o reducir sus costos de producción o vender mayor cantidad de producto. Si trata de subir el precio, los clientes comprarán a su competidor. Por eso tiene que mantener el precio a la par o por debajo del precio de sus competidores.

Si hay muchas empresas en un mercado competitivo, las ganancias serán bajas. Esto resultará en la quiebra de las empresas no eficientes. Así se reducirá la cantidad de producto y subirá el precio. Si hay pocas empresas en un mercado competitivo, las ganancias serán mayores. Otras empresas entonces entrarán en el mercado. La cantidad de producto será mayor y el precio bajará. El efecto de la demanda y la oferta permite que el mercado controle el número de empresas. En un mercado competitivo el consumidor se beneficia de precios bajos. Pero existe el peligro[8] de que, en su afán[9] por reducir los precios, las empresas reduzcan también la calidad del producto o del servicio que se ofrece.

Monopolio

Al otro extremo de la competencia perfecta está el monopolio perfecto, el único vendedor de un producto para el cual no hay sustitutivo. El monopolista puede cobrar lo que quiera por su bien. El consumidor lo paga o lo deja. Hay pocos monopolios perfectos, pero hay algunas industrias que se aproximan al monopolio. Operan en una competencia imperfecta. Estas industrias tienen algún control sobre los precios. Hay tres categorías de empresas en la competencia imperfecta: la competencia monopolística, el oligopolio y el monopolio natural.

Competencia monopolística En la competencia monopolística hay muchas empresas que producen un producto similar. Cada uno trata de convencer al público que no existen sustitutivos. Cuando una marca llega a tener gran preferencia, a pesar de precio y calidad, se le considera en competencia monopolística.

Oligopolio El oligopolio ocurre cuando un reducido número de productores de un mismo bien fijan precios y servicios similares. Operan como un solo monopolio a pesar de que son empresas independientes.

Monopolio natural El monopolio natural existe cuando la producción requiere inversiones tan inmensas que no sería eficiente tener más que un productor. Las compañías de gas natural y de electricidad son ejemplos de monopolios naturales. En los EE.UU. el gobierno tiene agencias regulatorias para controlar los monopolios naturales. En algunos países el Estado provee el gas y la electricidad.

---

[8]*danger*   [9]*eagerness*

ESTUDIO DE PALABRAS

Ejercicio 1 Study the following cognates that appear in this chapter.

la corporación	el ajuste	numeroso
la propiedad individual	la competencia	variable
los beneficios	el competidor	competitivo
la responsabilidad	la calidad	regulatorio
los dividendos	el monopolio	
la depreciación	el oligopolio	maximizar
el documento	la agencia regulatoria	informar
el balance		variar
el costo fijo		ajustar
el costo variable		implementar
el material		competir

Ejercicio 2 Study the following words and then complete each statement.

competir   la competencia   el competidor   competitivo

1. En una economía de libre mercado muchas empresas van a _____.
2. La _____ en la industria automovilística es feroz.
3. Es un mercado muy _____.
4. La Ford es un _____ de la Chrysler.

Ejercicio 3 Complete each statement with the appropriate word(s).

1. La _____ es una gran empresa comercial.
2. Para producir un bien es necesario tener disponibles los _____ apropiados.
3. El gobierno de los EE.UU. tiene _____ para controlar los monopolios.
4. Un costo _____ es uno que cambia, que varía.
5. Un costo _____ es uno que no cambia, no varía, permanece constante.
6. La propiedad que tiene una sola persona es _____.
7. El que se responsabiliza por algo toma la _____.
8. Un contrato es un _____ oficial.
9. Una corporación siempre quiere _____ sus ganancias o beneficios.
10. A una _____ se le llama «una sociedad anónima».

Ejercicio 4 Match the English word or expression in Column A with its Spanish equivalent in Column B.

A	B
1. stock	a. el dividendo
2. stockholder	b. la ganancia de capital
3. bond	c. la acción
4. dividend	d. vencer
5. capital gain	e. el accionista

6. quarterly
7. risk
8. to come due
9. loan
10. interest

f. el riesgo
g. trimestralmente
h. el bono
i. el préstamo
j. los intereses

Ejercicio 5   Complete each statement with the appropriate word(s).
1. Una _____ es una unidad de propiedad en una corporación y le permite al tenedor (poseedor) compartir en las ganancias de la empresa.
2. Un _____ es un préstamo que se hace a la empresa.
3. Las _____ pagan dividendos y los _____ pagan intereses.
4. El individuo que tiene (es dueño de, es tenedor de) acciones es _____.
5. Por lo general, las empresas pagan los dividendos o intereses _____.
6. El accionista toma cierto _____ al comprar una acción porque el valor de la acción puede bajar y resultar en una pérdida.
7. Las _____ ocurren cuando el accionista vende la acción por más de lo que pagó—a un valor más alto.
8. El día que va a _____ un bono, la empresa tiene que pagar al tenedor *(holder)* el valor del bono.

Ejercicio 6   Match the English word or expression in Column A with its Spanish equivalent in Column B.

	A		B
1.	loss	a.	la ganancia
2.	gain	b.	el estado de resultados
3.	income	c.	invertir
4.	profit	d.	los beneficios
5.	accounting	e.	los activos
6.	accountant	f.	a corto plazo
7.	profit and loss sheet	g.	el contable
8.	cash flow	h.	la quiebra
9.	assets	i.	la pérdida
10.	liabilities	j.	cobrar
11.	short-term	k.	el flujo de efectivo
12.	long-term	l.	el ingreso
13.	bankruptcy	m.	a largo plazo
14.	to charge	n.	los pasivos
15.	to invest	o.	la contabilidad
16.	balance sheet	p.	la hoja de balance

Ejercicio 7   Give the word or expression being defined.
1. lo que gana la empresa
2. lo que pierde la empresa
3. por mucho tiempo

4. el dinero que uno tiene disponible
5. el dinero que uno debe
6. el resultado de la pérdida de todo su dinero y bienes
7. comprar acciones o bonos, depositar el dinero en el banco
8. el que prepara el estado de resultados

Ejercicio 8 Match the word or expression in Column A with its opposite in Column B.

A	B
1. la pérdida	a. la ganancia
2. la ganancia	b. los pasivos
3. a largo plazo	c. gastar
4. el riesgo	d. a corto plazo
5. invertir	e. la pérdida
6. los activos	f. la seguridad

COMPRENSION

Ejercicio 1 Give the word or expression being defined.
1. una empresa cuyo dueño es un solo individuo
2. una empresa que tiene dos o más socios
3. una empresa que tiene la habilidad de vender acciones y emitir bonos
4. una unidad de propiedad en una sociedad anónima
5. la diferencia entre el ingreso y el costo
6. los estados que muestran los ingresos, gastos y beneficios (la renta neta) durante un período determinado de tiempo
7. lo que indica a la empresa su estado económico en cierto momento
8. los costos de producción que no se relacionan con la cantidad de bienes que se producen
9. el período de tiempo que le permite a la empresa cambiar todos los factores de producción
10. el término que se emplea para describir una marca de un bien o producto que llega a tener gran preferencia a pesar de su precio o calidad

Ejercicio 2 True or false?
1. El dueño de una propiedad individual tiene el derecho de recibir todos los beneficios del negocio.
2. El dueño de una propiedad individual sólo puede perder lo que ha invertido en la empresa. Su responsabilidad es limitada.
3. El control de una sociedad anónima (corporación) está en manos de los dueños de la mayoría de las acciones votantes.
4. El objetivo (La meta) tradicional y principal de una empresa es el (la) de maximizar los beneficios.
5. Si los clientes de una empresa tardan en pagar, el efecto que tiene en el flujo de efectivo de la empresa es bueno.

6. La maquinaria y el equipo que tiene una empresa son parte del capital físico de esa empresa.
7. Los costos fijos de producción se relacionan directamente con la cantidad de bienes que se van a producir.
8. El corto plazo es un período de tiempo en que la empresa no puede variar la mayoría de los factores de producción.
9. Lo que son corto plazo y largo plazo no varía de una industria a otra.

Ejercicio 3   Answer.
1. ¿Cuál es el riesgo que corre el accionista al comprar una acción?
2. ¿Cuáles son las ganancias que puede realizar el accionista?
3. ¿Qué influye en el valor de una acción de una sociedad anónima?
4. ¿Qué es el ingreso de una empresa?
5. ¿Y qué son los costos?
6. ¿Qué hacen los contables?
7. ¿Qué es el flujo de efectivo?
8. ¿Cuál es el nombre que se le da a la diferencia entre el precio inicial de una máquina y su valor después de un año?
9. ¿Qué muestra la hoja de balance de la empresa?
10. ¿Qué significa «monopolio»?
11. ¿Qué resulta en la quiebra de una empresa?
12. ¿Cuándo existe un monopolio natural?

Capítulo **6**
FACTORES DE PRODUCCION

Son cuatro los factores de producción: (1) los recursos naturales tales como el (petróleo) crudo en los pozos[1], los árboles, el carbón[2] bajo la tierra; (2) el capital—los bienes producidos como la maquinaria, el equipo, los edificios[3] y el dinero cuando se usa para comprar capital físico; (3) el talento o la función empresarial—el factor de producción que toma los riesgos y las responsabilidades para iniciar una empresa, una organización que combina los otros factores de producción y (4) la mano de obra—el factor de producción que representa el trabajo humano en el proceso productivo. Vamos a enfocar en el último de los factores, la gente que trabaja, la mano de obra.

Mano de obra

¿De dónde viene la mano de obra y cómo se describe? Se llama «población activa» a la proporción o el porcentaje de la población total mayor de 16 años de edad capaz de trabajar y que tiene empleo o busca empleo. Cuando son altos los sueldos, es mayor el número de personas que buscan empleo. Cuando los sueldos son bajos, el número es menor. Lo ideal sería que toda la población activa tuviera empleo y ganara un sueldo justo y adecuado.

Desempleo

El desempleo es un problema grave para todo país industrializado. Todavía queda la memoria de la Gran Depresión de los años 30 cuando en los EE.UU. la cuarta parte de la población activa se encontró sin empleo. La Gran Depresión afectó gravemente a los países europeos también, causando cambios estructurales en las economías y las sociedades.

¿Qué es, precisamente, el desempleo? En los EE.UU. se define de la siguiente manera: «una persona de 16 años o mayor que está buscando empleo y que no trabajó la semana anterior[4] pero buscó trabajo durante las 4 semanas anteriores». Claro que la definición no es perfecta, pero sirve para identificar a aquellas personas que quieren trabajar, que se esfuerzan[5] en conseguir empleo y que no tienen trabajo. Hay varias categorías de desempleo.

---

[1]*wells* [2]*coal* [3]*buildings* [4]*previous* [5]*make an effort*

Desempleo friccional Se refiere a los trabajadores que van de un empleo a otro para mejorarse. Su desempleo es temporero y no representa un problema económico. El desempleo friccional es relativamente constante.

Desempleo de temporada En esta categoría figuran los trabajadores cuyo trabajo depende de la estación del año. Los que trabajan en las ramas de la construcción y la agricultura sólo trabajan durante ciertas épocas del año.

Desempleo cíclico Una recesión económica resulta en el desempleo cíclico. Los trabajadores que pierden su empleo pueden estar desempleados por mucho tiempo, pero se espera que cuando se mejore la economía, volverán a sus puestos.

Desempleo estructural En esta categoría están los trabajadores cuyas destrezas[6] y habilidades ya no tienen valor en el mercado. A veces son avances tecnológicos que afectan al trabajador. El desempleo estructural es el más grave de todos. Las víctimas tienden a ser trabajadores mayores y les es muy difícil encontrar otro trabajo.

La tasa de desempleo, el porcentaje de la población activa que no tiene y que busca empleo, no se informa[7] por categorías, solamente como un cociente[8] entre el número de personas desempleadas y el de activos. Por ejemplo, si en un pueblo de 800 activos, 200 no tienen trabajo, la tasa de desempleo es del 25%. La tasa de ocupación es el porcentaje de la población activa que tiene empleo. Durante las recesiones la tasa de desempleo aumenta y la tasa de ocupación disminuye.

Pero a largo plazo, en los EE.UU. desde fines de los años 60, la tasa de ocupación ha aumentado en su totalidad, pero las tasas de desempleo para trabajadores jóvenes, y especialmente para jóvenes negros, ha aumentado. Lo que ha tenido gran efecto en la subida de la tasa de ocupación total es la entrada en el mercado laboral de gran número de trabajadores femeninos durante este período.

Salario mínimo

Algunos economistas y políticos mantienen que una causa del desempleo entre jóvenes son los salarios mínimos, que por ley son los menores salarios que se pueden pagar a determinado grupo de trabajadores. Según ellos, las empresas emplearían a más jóvenes si pudieran pagarles menos que el salario mínimo. El desempleo se relaciona también con el PNB (producto nacional bruto). Según la ley de Okun, un crecimiento del 2,7% del PNB mantiene constante la tasa de desempleo. Un aumento o una disminución de dos puntos en el PNB resulta en un aumento o disminución de un punto en la tasa de desempleo.

Sindicatos

El desempleo afecta a todos los participantes en la economía—los trabajadores en particular. Para proteger sus intereses, muchos trabajadores pertenecen a sindicatos o uniones. El primer sindicato en los EE.UU. se formó en 1886, la American Federation of Labor *(AFL)*. El otro gran sindicato, el Congress of Industrial Organizations *(CIO)*, se formó en 1936. Los dos sindicatos se unieron en 1955 para formar el *AFL-CIO*. Los sindicatos norteamericanos se contrastan

---

[6]*skills*   [7]*is not reported*   [8]*quotient*

con los sindicatos europeos en varias maneras. Los sindicatos europeos son mucho más políticos que los norteamericanos y en muchos casos son afiliados directamente a los partidos socialistas. España es un ejemplo; Italia y el partido laborista con sus sindicatos afiliados en Gran Bretaña son otros ejemplos. Los sindicatos norteamericanos funcionan dentro del sistema capitalista y no buscan cambios radicales en la economía o en la sociedad. También tienden a mantenerse independientes de los dos partidos políticos, aunque a veces apoyan[9] a ciertos candidatos. En los EE.UU. la afiliación sindical ha disminuido de un 30% de la población activa a menos del 20% entre los años 50 y los 80.

El propósito de todo sindicato es proteger a los trabajadores que son miembros. Los sindicatos representan los intereses de sus miembros presentando una política común sobre las condiciones de trabajo, los sueldos y los beneficios. La empresa y los sindicatos normalmente resuelven sus diferencias mediante la negociación. Sólo en casos extremos, cuando no se llega a un acuerdo por la negociación, el sindicato va a la huelga. En algunas empresas el contrato con el sindicato obliga a un taller sindicado, donde todos los trabajadores nuevos tienen que afiliarse al sindicato dentro de cierto período de tiempo, o a un taller cerrado, donde el empresario sólo puede contratar a afiliados del sindicato.

Tanto los empresarios como los sindicatos tienen una serie de pasos[10] que pueden tomar para conseguir sus fines[11]. Los empresarios pueden conseguir una orden de la corte para prohibir la huelga o los piquetes, cerrar la empresa para obligarle al sindicato a aceptar sus términos, contratar a nuevos trabajadores para los puestos de los huelguistas o trasladar la empresa a otra área donde los sueldos son inferiores. Los sindicatos pueden trabajar lentamente y bajar el nivel de producción, boicotear el producto de la empresa, ir a huelga de brazos caídos, ir a huelga o hacer una fila de piquetes.

El ciclo comercial

Durante siglos los economistas han estudiado los cambios en las tendencias en la producción y han reconocido un ciclo comercial o ciclo económico. Este ciclo se define como el patrón más o menos regular de expansión y recesión en la actividad económica. El ciclo se divide en cuatro fases: expansión, cima, recesión y fondo.

Fases del ciclo comercial

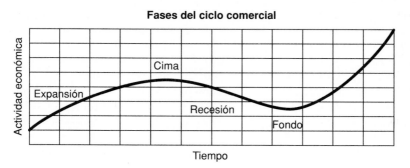

---

[9]*they support*   [10]*steps*   [11]*goals, objectives*

La tendencia del ciclo económico es hacia el crecimiento, y el crecimiento es lo que crea el mejoramiento en nuestro nivel de vida. Vivimos mejor, con mejor salud[12], más educación y hasta más años de vida que en el pasado. El crecimiento económico se refiere a los incrementos en la productividad de la economía.

Crecimiento económico Un tipo de crecimiento resulta del mayor uso de la capacidad productiva. El límite de este crecimiento es la cantidad de recursos disponibles[13] y el talento tecnológico. La frontera de posibilidades de producción es la cantidad máxima de producción de los bienes y servicios que se podrían producir en un tiempo dado con los recursos y conocimientos disponibles. El otro tipo de crecimiento, el que es necesario para el crecimiento a largo plazo, es un incremento en la frontera de posibilidades de producción. En resumen, el crecimiento económico viene de un incremento en la utilización de la capacidad productiva actual o de un incremento en la capacidad productiva.

Altos y bajos en el ciclo Cuando miramos la figura con el ciclo económico, notamos los altos y los bajos, las cimas y los fondos que representan épocas de prosperidad y de depresión económica. Las líneas descendentes representan las recesiones que se caracterizan por una disminución en la producción y un incremento en el desempleo. Las líneas ascendentes representan la recuperación, cuando la productividad crece igual que la tasa de ocupación. Durante las épocas de prosperidad la tasa de desempleo es insignificante y la producción es muy alta. La Gran Depresión de los años 30 era una recesión larga y profunda que no se corrigió de por sí misma como ocurre normalmente en el ciclo económico.

Depresión Para el público, la depresión económica es lo peor que puede ocurrir. También la inflación, la subida en el nivel de los precios, les asusta[14] a muchos. Quienes más se asustan son los que tienen un ingreso fijo, los pensionados, por ejemplo. La inflación también afecta negativamente a los acreedores, los que han prestado dinero a otros. Si los precios suben, el dinero que han prestado, cuando se lo devuelvan, comprará menos. Los deudores, los que han recibido dinero prestado, ganan. La subida de precios resulta en mayores salarios, lo cual les facilita pagar sus deudas. El dinero que devuelven compra menos que el dinero que prestaron.

Inflación La inflación tiende a incrementar las tasas de intereses, y esto tiene un efecto negativo en los negocios. Porque cuesta demasiado prestar dinero, las empresas invierten menos y la gente compra menos. Esto puede llevar a la recesión. Según la mayoría de los economistas, una tasa de inflación superior al 3 o 4% es demasiado alto. La tasa de inflación es el por ciento de aumento del nivel general de los precios durante un período determinado de tiempo.

En este siglo algunos países han sufrido unas tasas de inflación tan altas que se ha tenido que crear el término «hiperinflación». Las hiperinflaciones se caracterizan por tasas superiores al 1.000% al año. El caso clásico es Alemania

---

[12]*health*   [13]*available*   [14]*frightens*

durante la República de Wiemar en los años 20, después de la Primera Guerra Mundial. Las tasas de inflación llegaron hasta el 30.000% en un solo mes. En años recientes la hiperinflación ha afectado a varios países en Latinoamérica: la Argentina, Brasil, Chile y el Perú.

ESTUDIO DE PALABRAS

Ejercicio 1   Study the following cognates that appear in this chapter.

la depresión	la disminución	industrializado
la recesión	la unión	cíclico
la recuperación	el sindicato	afiliado
la expansión	el miembro	radical
el incremento	el afiliado	descendente
la prosperidad	la afiliación	ascendente
la inflación	las diferencias	
la hiperinflación	la negociación	afectar
la proporción	el contrato	resultar
el porcentaje	la pensión	contrastar
el punto	el pensionado	funcionar
el aumento		resolver

Ejercicio 2   Give the word being defined.
1. una reducción o disminución en la actividad económica
2. una recesión económica larga y profunda
3. un período de mucha actividad económica y condiciones comerciales favorables
4. el contrario de «la disminución», un período en que la actividad económica está en aumento
5. período en que hay un alza en los precios en general
6. período en que las alzas en los precios pueden llegar al 1.000% anual
7. el dinero que uno recibe al retirarse (jubilarse), por lo general a los 65 años
8. el que recibe una pensión

Ejercicio 3   Complete each statement with the appropriate word(s).
1. Muchos trabajadores son afiliados a una unión. Es decir que son _____ de la unión.
2. Otra palabra que significa «unión» es _____.
3. En algunas empresas la _____ a un sindicato es obligatoria.
4. A veces existen _____ entre los trabajadores y los empresarios.
5. Los dos lados tienen que _____ estas diferencias.
6. Siempre tratan de resolverlas mediante _____.

7. Al llegar a un acuerdo los trabajadores pueden firmar *(sign)* un _____.
8. En casos extremos cuando las _____ no llegan a resolverse, hay una huelga y los huelguistas hacen filas de piquetes.

Ejercicio 4   Select the appropriate word(s) to complete each statement.
1. En una gráfica hay _____.
   a. curvas y líneas   b. aumentos y disminuciones   c. proporciones
2. En una gráfica hay líneas _____.
   a. largas y anchas   b. ascendentes y descendentes   c. cíclicas
3. _____ de trabajadores que tienen trabajo y los que no tienen trabajo es la tasa de desempleo.
   a. La proporción   b. La recuperación   c. El ciclo
4. Las negociaciones pueden _____ muchos problemas.
   a. funcionar   b. contrastar   c. resolver

Ejercicio 5   Match the English word or expression in Column A with its Spanish equivalent in Column B.

A	B
1. to lend	a. empresarial
2. to borrow	b. la rama
3. to invest	c. pedir prestado
4. entrepreneurial	d. la tasa de desempleo
5. manpower	e. el patrón
6. work force	f. la población activa
7. employment	g. el acreedor
8. unemployment	h. prestar
9. unemployment rate	i. el deudor
10. gross national product	j. el taller
11. branch	k. invertir
12. benefits	l. el empleo
13. pattern	m. la tasa de interés
14. interest rate	n. los beneficios
15. level	o. el nivel
16. creditor	p. la mano de obra
17. borrower, debtor	q. el desempleo
18. fixed income	r. la huelga
19. strike	s. el ingreso fijo
20. shop	t. el producto nacional bruto

Ejercicio 6   Select the appropriate word(s) to complete each statement.
1. La persona que le debe dinero a otro es el (acreedor / deudor).
2. El (acreedor / deudor) es el que le presta dinero a otro.

3. No le queda suficiente dinero y lo tiene que (controlar / pedir prestado).
4. Puede (invertir / pedir prestado) el dinero que sobra después de pagar todos sus gastos.
5. El lugar donde trabajan los obreros es (el taller / la huelga).
6. La población activa es la gente que (trabaja / actúa).
7. La (rama / proporción) de construcción en que él trabaja es la construcción de apartamentos.
8. El trabajo de los obreros es la (mano de obra / población activa).
9. El (nivel / punto) de vida es alto en los países industrializados.
10. El ciclo comercial sigue (un patrón / una condición).
11. El seguro médico, la pensión y las vacaciones son (diferencias / beneficios) que reciben los trabajadores.
12. Si los trabajadores no pueden resolver sus diferencias con los directores de la empresa, hay a veces una (rama / huelga).
13. Los que están en huelga son (huelguistas / pensionados).
14. Y los que viven sólo de su pensión, que es un ingreso fijo, son (huelguistas / pensionados).

Ejercicio 7   Match the word in Column A with its definition in Column B.

A	B
1. el sueldo	a. la parte más alta
2. el sindicato	b. el salario
3. adecuado	c. el incremento
4. el propósito	d. la unión
5. la cima	e. suficiente, apropiado
6. el fondo	f. la parte más baja
7. el crecimiento	g. el objetivo, la meta
8. empresarial	h. gerencial

Ejercicio 8   Match the word in Column A with its opposite in Column B.

A	B
1. el crecimiento	a. obrero
2. la cima	b. el deudor
3. empresarial	c. la disminución
4. el acreedor	d. descendente
5. adecuado	e. el fondo
6. prestar	f. en vías de desarrollo
7. el empleo	g. pedir prestado
8. ascendente	h. la prosperidad
9. industrializado	i. insuficiente
10. la recesión	j. el desempleo

COMPRENSION

Ejercicio 1   Answer.
1. ¿Qué es la tasa de desempleo?
2. ¿Qué ha tenido una gran influencia en la subida de la tasa de ocupación en los Estados Unidos?
3. ¿Qué influencia tiene el salario mínimo en el empleo de los jóvenes según algunos economistas?
4. ¿Por qué pertenecen o se afilian a uniones o sindicatos los trabajadores?
5. ¿Qué pasó en 1955?
6. ¿Cuáles son algunas diferencias entre los sindicatos norteamericanos y europeos?
7. En los EE.UU., ¿ha disminuido o aumentado la afiliación sindical?
8. ¿En qué fases se divide el ciclo comercial?
9. ¿Qué crea el crecimiento en el ciclo comercial?
10. ¿Qué hay que hacer para asegurar *(assure)* el crecimiento en el ciclo comercial?
11. En una figura o gráfica del ciclo comercial, ¿qué representan los altos (o las cimas)?
12. ¿Y qué representan los bajos o los fondos?
13. ¿Qué representan las líneas descendentes?
14. ¿Y las ascendentes?
15. ¿Dónde ha existido recientemente la hiperinflación?
16. ¿Por qué tiene un efecto negativo en los negocios un alza en las tasas de interés?

Ejercicio 2   True or false?
1. Durante una recesión hay un incremento en el desempleo, o sea, la tasa de desempleo sube.
2. Durante las épocas de prosperidad la producción es muy baja.
3. La peor de las situaciones económicas para el público es una depresión.
4. La inflación afecta negativamente a los que viven de un ingreso fijo.
5. La inflación afecta negativamente a los deudores.
6. La inflación tiende a incrementar las tasas de interés.
7. Un incremento en las tasas de intereses favorece (tiene un efecto positivo en) los negocios.

Ejercicio 3   Identify the type of unemployment.
1. El señor Salas ha cambiado de puesto varias veces este año. En este momento no está trabajando pero no está nervioso porque sabe que dentro de poco va a encontrar mejor empleo que le pague más.
2. Hace años que el señor López trabaja de mecánico en el mismo taller. Desgraciadamente ha perdido su empleo porque la empresa acaba de comprar unas computadoras y el señor López no tiene el conocimiento técnico que necesita hoy para ejercer su oficio.

3. La señorita Pasos es instructora de esquí. Es el mes de julio y ella no está trabajando pero no le importa porque sabe que tendrá trabajo en el invierno.
4. La señora Gorostiza es arquitecta. En este momento no tiene trabajo porque hay una recesión económica y hay muy poca construcción nueva.

Ejercicio 4   Identify each expression or term.
1. la población activa
2. el desempleo
3. el salario mínimo
4. el sindicato
5. la huelga
6. un taller sindicado
7. un taller cerrado
8. el ciclo comercial
9. la tasa de inflación
10. la hiperinflación

Capítulo 7
EL DINERO Y
LA BANCA

El dinero

En los mercados primitivos no había necesidad de dinero. Se trocaban[1] los bienes. «Te doy una pata[2] de elefante por esa piel[3] de león.» «No, no, dos patas.» «Vale[4], dos patas por la piel de león.» Al complicarse el mercado y la economía, el trueque[5] no bastaba y se inventó el dinero. Una definición de «dinero» es «cualquier medio de pago que se acepta generalmente y que puede intercambiarse por bienes y servicios y que puede satisfacer deudas». El dinero, de por sí, muchas veces no tiene ningún valor, sino que representa valor. La gente tiene que estar de acuerdo con que algo es dinero. Si se aceptan las conchas[6], o ciertas piedras[7], entonces éstas son dinero.

El dinero goza de ciertas funciones y características. Es un medio de intercambio; se usa para comprar bienes y servicios. Es una medida de valor; se usa para comparar el valor de distintos bienes. Un carro vale $10.000, otro vale $12.000. Es un repositorio de valor; se puede acumular y guardar. El dinero debe ser aceptado. En un sistema económico todos los participantes tienen que estar de acuerdo con que el dinero tiene valor y se puede usar para satisfacer las deudas. El dinero debe ser divisible. Las diferentes unidades, por grandes o pequeñas que sean, mantienen su valor. El dinero debe ser movible. El dinero-papel se deja llevar en grandes cantidades de un lugar a otro. Y el dinero debe tener un valor más o menos estable. Uno debe poder comprar el mismo bien con más o menos el mismo dinero durante un período razonable de tiempo.

El dinero que se acaba de describir es el dinero de curso legal, el dinero que el gobierno declara aceptable como medio de cambio y para cancelar las deudas. Pero también hay otros tipos de dinero. El dinero-mercancía se usa como medio de cambio y también se compra y se vende como cualquier otro bien. El oro y la plata son ejemplos de dinero-mercancía. El dinero-signo es el medio de pago cuyo valor como dinero es superior al costo de producción y el valor que podría tener con otro uso. El dinero-papel es un ejemplo. El dinero-pagaré es un medio de cambio que se usa en la deuda personal o comercial. Los cheques de viajero son un ejemplo de dinero-pagaré.

---

[1]*were traded* [2]*foot* [3]*skin* [4]*OK* [5]*trading* [6]*shells* [7]*stones*

Aunque pensamos en dinero en su forma de monedas y billetes, el dinero en efectivo se emplea en transacciones económicas de poco valor. Las transacciones por cheque representan más del 80% del valor de todas las transacciones. El número de transacciones con efectivo es mayor, pero su valor es inferior.

Bancos/Circulación del dinero

Para saber cuánto dinero circula hay que medir[8] el flujo de dinero por las cuentas corrientes. Igualmente, para controlar la cantidad de dinero que circula hay que controlar estas cuentas. Los bancos pueden permitir que varias personas gasten el mismo dinero. Esto ocurre cuando hacen un préstamo con el dinero depositado en las cuentas corrientes. Esto se denomina la expansión de dinero. No obstante, por ley en los EE.UU. los bancos comerciales tienen que mantener una reserva que es un porcentaje del dinero depositado. En 1986 el requisito de reserva era del 12% de depósitos.

Bancos comerciales

Los bancos comerciales en los EE.UU. tienen una autorización del gobierno federal o estatal para aceptar depósitos contra los que pueden extenderse cheques y para conceder créditos. Las reservas de los bancos tienen que estar disponibles[9] inmediatamente para satisfacer los derechos de sus depositantes. Los bancos comerciales tienen como su fin el hacer dinero. Utilizan los fondos de sus depositantes para hacer préstamos y para comprar bonos o títulos portadores de intereses. Los bancos comerciales hacen préstamos a individuos y a grandes empresas. También prestan dinero a los gobiernos, tanto estatales y locales como federal, y a gobiernos extranjeros. Los títulos del gobierno de los EE.UU. son muy atractivos por dos razones: son muy líquidos porque se pueden vender rápidamente con un bajo costo y son muy seguros. Es sumamente improbable que el gobierno federal se niegue[10] a pagar sus deudas.

Los fondos de los bancos comerciales vienen principalmente de los depósitos. Los depósitos a la vista (las cuentas corrientes) pueden retirarse al instante. El dinero depositado en las cuentas de ahorro y a plazo requieren previo aviso al banco antes de retirarse. Por eso los bancos pagan un tipo de interés más alto por los depósitos de ahorro y a plazo que por los depósitos a la vista. Además de los depósitos, otra fuente[11] de fondos para los bancos comerciales es la venta de pagarés al público. Estos pagarés son promesas que hace el banco de pagar al tenedor del préstamo, después de cierto tiempo, una cantidad específica de dinero más intereses.

El dinero que hace el banco, por lo general, es la diferencia entre los tipos de interés que paga a sus depositantes y los tenedores de sus pagarés y los tipos de interés que les cobra[12] a los individuos y a las empresas a quienes presta dinero. Los bancos ofrecen una tasa de interés preferencial a las grandes empresas. La tasa de interés preferencial es más baja que la tasa normal. Los bancos comerciales tienen un papel importantísimo como intermediarios financieros. Los depósitos a la vista

---

[8] *measure*   [9] *ready*   [10] *refuses*   [11] *source*   [12] *charges*

se pueden usar para pagos en todo el país y en el extranjero. Esto reduce el costo de comerciar los bienes, comparado con lo que sería si se usara solamente efectivo para pagar cada venta, y es mucho más eficiente.

El Sistema de la Reserva Federal

En 1907 hubo una crisis bancaria. Para responder a la crisis, en 1913 se estableció el Sistema de la Reserva Federal, que es el banco central de los EE.UU., para ejercer control sobre el sistema bancario del país y para evitar los pánicos financieros. Los poderes[13] del Sistema de la Reserva Federal han crecido[14] tanto que hoy éste influye en todo el sistema económico. El objetivo primordial del Sistema de la Reserva Federal es el de proveer una cantidad estable de dinero para la economía. Para este fin cuenta con tres recursos: el requisito de reservas, la tasa de descuento (la tasa de interés que el Sistema de la Reserva Federal cobra a los bancos a los que presta dinero) y las operaciones de mercado abierto (la compra y venta de títulos o bonos del Estado en los mercados financieros por parte del Sistema de la Reserva Federal).

El Sistema puede cambiar el requisito de reservas a cualquier valor entre el 3% y el 14%. Esto influye grandemente en la expansión del dinero y en la economía en general. Cuando sube el requisito de reservas hay menos dinero disponible para préstamos. Cuando baja el requisito, hay más dinero disponible. Cuando el Sistema cambia la tasa de descuento, también afecta la cantidad de dinero disponible. Cuando sube, los bancos no piden prestado al Sistema. Cuando baja, los bancos piden prestado y tienen más dinero para prestar a sus clientes. Los cambios en la tasa de descuento se reflejan en las tasas de intereses de los bancos comerciales. Con las operaciones de mercado abierto el Sistema también influye en la cantidad de dinero en circulación. Cuando compra bonos y títulos, más dinero circula; cuando vende, menos dinero circula.

El Sistema de la Reserva Federal actúa para estabilizar el sistema económico. El Sistema determina la política monetaria. Es el prestador de último recurso para los bancos comerciales. Si un banco se ve en apuros[15], recurre[16] al Sistema para préstamos para poder pagar a sus depositantes. El Sistema de la Reserva Federal es el banco de los banqueros.

---

[13]*powers*   [14]*grown*   [15]*in trouble*   [16]*it turns to*

ESTUDIO DE PALABRAS _____

Ejercicio 1   Study the following cognates that appear in this chapter.

el repositorio	la autorización	el intermediario
el sistema	el depósito	la circulación
el participante	el depositante	el pánico
la transacción	los fondos	la crisis
el cheque	el banco comercial	el descuento
la reserva	el costo	

divisible	aceptable	depositar
movible	legal	mantener
estable		conceder
líquido	aceptar	utilizar
financiero	cancelar	estabilizar
bancario	circular	
monetario	controlar	

Ejercicio 2   Give the word being defined.
1. conservar, sostener
2. anular un documento
3. hacer estable
4. usar, emplear
5. hacer un depósito
6. referente al banco
7. referente al dinero o a la moneda
8. referente a las finanzas
9. referente a los fondos disponibles
10. que se puede aceptar
11. dentro de la ley
12. el que deposita algo
13. el que participa
14. el que hace algo por otra persona

Ejercicio 3   Complete each statement with the appropriate word(s).
1. No pago en efectivo. Prefiero pagar con _____.
2. Durante una crisis económica hay _____ entre el público.
3. Para tratar de evitar una crisis económica, el banco tiene que tener una _____ de fondos.
4. Con esta reserva puede pagar a sus _____, o sea, la gente que ha depositado fondos en el banco.
5. Yo no sé cuántos billones de dólares hay en _____.
6. Todos nosotros somos de una manera u otra _____ en el sistema económico.

Ejercicio 4   Match the English word or expression in Column A with its Spanish equivalent in Column B.

A	B
1. check	a. el dinero-papel
2. cash	b. la cuenta de ahorros
3. paper money	c. el tenedor, el portador
4. bill	d. la cuenta a la vista
5. coin	e. la moneda
6. checking account	f. el dinero de curso legal
7. savings account	g. el cheque
8. time account	h. el depósito

9. demand account
10. traveler's check
11. legal tender
12. interest-bearing
13. bearer
14. discount rate
15. monetary policy
16. loan
17. debt
18. deposit

i. el billete
j. la deuda
k. la cuenta a plazo
l. portador de intereses
m. el dinero en efectivo
n. la cuenta corriente
o. el préstamo
p. la política monetaria
q. el cheque de viajero
r. la tasa de descuento

Ejercicio 5   True or false?
1. El dólar estadounidense puede ser dinero-papel.
2. Hay una moneda de un dólar.
3. El dólar es un instrumento portador de intereses.
4. El dólar es un ejemplo de dinero de curso legal.
5. Se puede pagar deudas con dólares.
6. Se puede depositar (ingresar) dólares en una cuenta de ahorros de un banco.
7. Una cuenta de ahorros paga intereses.
8. El cheque es un ejemplo de dinero en efectivo.
9. El que tiene un préstamo en un banco le debe dinero al banco.
10. El banco paga un cheque contra una cuenta de ahorros.
11. El banco paga un cheque contra una cuenta corriente.
12. Una cuenta C.D. (certificado de depósito) en un banco estadounidense es un ejemplo de una cuenta a plazo.

Ejercicio 6   Answer personally.
1. ¿Tienes una cuenta corriente?
2. ¿En qué banco tienes la cuenta?
3. ¿Paga interés la cuenta?
4. ¿Pagas la mayoría de tus gastos con cheque o en efectivo?
5. ¿Tienes también una cuenta de ahorros?
6. ¿Es una cuenta a la vista o a plazo?
7. ¿Cuál es el tipo de interés que paga?
8. ¿Tienes un préstamo para asistir a la universidad?

Ejercicio 7   Match the word or expression in Column A with its definition in Column B.

A	B
1. seguro	a. con problemas o dificultades
2. previo aviso	b. con noticia o advertencia, informar de antemano
3. en apuros	
4. la venta	c. la acción de vender
5. el mercado abierto	d. que tiene poco o ningún riesgo
	e. el mercado sin restricciones

Ejercicio 8   Complete each statement with the appropriate word(s).
1. Una función _____ de un banco es hacer dinero.
2. Dos funciones _____ de la Reserva Federal son determinar la política monetaria y estabilizar el sistema económico.
3. Antes de retirar dinero de una cuenta a plazo, el cliente tiene que darle _____ al banco.
4. Es menos _____ invertir en acciones que depositar el dinero en una cuenta corriente de un banco.
5. Existe una crisis si el banco está _____.
6. El banco se encarga de la _____ de cheques de viajero.

Ejercicio 9   Match the word or expression in Column A with its opposite in Column B.

A	B
1. una cuenta a la vista	a. peligroso
2. el billete	b. el efectivo
3. la cuenta corriente	c. el crédito
4. depositar	d. la moneda
5. la venta	e. una cuenta a plazo
6. seguro	f. retirar
7. la deuda	g. la compra
8. el cheque	h. la cuenta de ahorros

COMPRENSION

Ejercicio 1   Follow the directions.
Dé una definición de «dinero».

Ejercicio 2   Money has several characteristics. Give the characteristic being described.
1. Yo tengo dinero en efectivo y lo puedo llevar de un lugar a otro y de un país a otro.
2. Por $10 yo podré comprar la semana que viene más o menos lo mismo que puedo comprar esta semana.
3. Yo puedo comparar el valor de un objeto con el de otro según su precio.
4. Yo puedo comprar lo que quiero y lo que necesito con el dinero.
5. Yo tengo billetes de cien dólares y monedas de un centavo.
6. Yo puedo pagar todas mis deudas con el dinero.
7. Yo puedo pagar la factura de gas y luz.
8. Yo puedo pagar el préstamo que tengo en el banco.

Ejercicio 3   True or false?

1. El dinero en efectivo se emplea en más transacciones que cualquier otro medio de pago.
2. El valor de las transacciones en efectivo es mucho mayor que el de las transacciones que se efectúan por cheque.
3. Una manera importante de determinar cuánto dinero hay en circulación es medir el flujo de dinero que pasa por las cuentas corrientes de los bancos.
4. Los depósitos hechos en cuentas a plazo pueden retirarse al instante.
5. La tasa de descuento es la tasa de interés que el Sistema de la Reserva Federal cobra a los bancos a los que presta dinero.
6. La tasa de interés preferencial es la tasa que los bancos cobran u ofrecen a sus clientes importantes como las grandes empresas.
7. La tasa de interés preferencial es más alta que la tasa normal.
8. La Reserva Federal es el banco de los banqueros.

Ejercicio 4   Answer.

1. ¿Por qué tienen que tener reservas los bancos?
2. ¿Para qué utilizan los bancos los fondos de sus depositantes?
3. ¿A quiénes hacen préstamos los bancos?
4. ¿Por qué es el tipo de interés que paga el banco más alto por los depósitos a plazo que por los depósitos a la vista?
5. ¿Cómo hace dinero el banco?
6. ¿A quién piden prestado dinero los bancos?
7. Cuando la Reserva Federal sube la tasa de descuento, ¿piden prestado más o menos dinero los bancos?
8. ¿Cómo puede influir la Reserva Federal en la cantidad de dinero que hay en circulación?

Capítulo 8
COMERCIO
INTERNACIONAL

Interdependencia global

En 1974 La Organización de los Países Exportadores del Petróleo (OPEP) subió el precio por barril del crudo de $2,60 a $11,50. El efecto sobre la economía de los EE.UU. y de otros países industrializados fue enorme. Una inflación dramática resultó del alza del precio y después una recesión económica. Hoy las decisiones económicas y políticas que se toman en un país afectan las economías de otros. Por ejemplo, a fines de los años 80 el Sistema de la Reserva Federal quería estimular la economía norteamericana. Si se bajaran los tipos de interés, habría más dinero en circulación. Esto estimularía la economía doméstica. Pero, al mismo tiempo, los tipos de interés bajos harían menos atractivos los títulos o bonos del Estado y los compradores extranjeros no tendrían interés en comprarlos. La compra de bonos por extranjeros es necesaria para mantener el valor del dólar en los mercados de divisas internacionales. Es necesario también para ayudar a financiar el déficit en la balanza de pagos. Cualquier política que se adopta conlleva sus ventajas y riesgos.

Materia prima

Los países industriales, desde la época de la Revolución Industrial, han dependido de otros países como fuente[1] de varias materias primas o recursos naturales. Los países colonizadores como Francia, España, Holanda y Gran Bretaña sacaban la materia prima de las colonias y luego les vendían el producto manufacturado de la materia prima a las mismas colonias con gran beneficio para el país colonizador.

Los países en vías de desarrollo, los países menos desarrollados, también denominados «del tercer mundo», siguen siendo una importante fuente de materia prima: el cobre[2] de Chile, la bauxita de Jamaica, de el que se deriva el aluminio, y el petróleo de Venezuela, México, Indonesia y Nigeria. Los países avanzados también son exportadores de materia prima. Los EE.UU. provee madera[3] al Japón y a otros países, además de productos agrícolas. La Unión Soviética vende petróleo y gas natural en Europa. Las materias primas que son factores de producción, como el petróleo y los metales, están sujetas a variaciones de demanda en el mercado

---

[1]source   [2]copper   [3]wood

mundial. La demanda para materia prima depende del nivel de producción, pero no es necesariamente proporcional. El empleo de maquinaria más eficiente, los avances en la tecnología u otros factores pueden permitir el mismo nivel de producción con menos materia prima. Cuando subió el precio del petróleo, los productores de automóviles respondieron con motores más eficientes y automóviles de menos peso[4] para conservar gasolina. El gobierno respondió con un límite de velocidad máxima de 55 millas por hora para ahorrar gasolina.

Las materias primas son de dos clases: las renovables como la madera y los productos agrícolas, y las agotables como el petróleo y los metales. Son agotables porque no se pueden renovar. Si se usan ahora no existirán en el futuro. No obstante, los precios de las materias primas agotables no han subido constantemente. Varios factores intervienen. Cuando se descubren nuevas fuentes, la cantidad de la materia en los mercados es mayor y el precio baja. El empleo de nuevos y más eficientes métodos para conseguir la materia también afecta el precio, y la existencia de sustitutivos tiende a controlar el precio.

Exportaciones e importaciones—la balanza de pagos

Actualmente, los EE.UU. exporta un 10% de su producción, pero importa más de lo que exporta. El resultado es una balanza de pagos negativa. La balanza de pagos es la anotación sistemática de todas las transacciones económicas entre un país y el resto del mundo. Claro está que todo país desea una balanza de pagos positiva. Las ventajas son enormes: mayor empleo, mayor ganancia o beneficio, mayor crecimiento económico, mayor ingreso disponible para pagar impuestos al gobierno y la oportunidad de importar más de lo que necesita el país.

Cuenta corriente y cuenta de capital Las transacciones entre un país y el resto del mundo se categorizan de dos maneras: las transacciones por cuenta corriente y las transacciones por cuenta de capital. En la cuenta corriente figuran las compras y ventas de bienes y servicios.

---

cuenta corriente   = ingresos que vienen de las exportaciones
                    - gastos en importaciones
                    - transferencias netas al extranjero[†]

[†]Igual que hay transferencias de gobierno a individuos, pagos unilaterales sin recibir ningún bien ni servicio como el Seguro Social, hay transferencias de país a país en forma de ayuda exterior.

La cuenta corriente de un país muestra un superávit cuando recibe más por los bienes y servicios que vende al extranjero (las exportaciones) que lo que paga al extranjero por los bienes y servicios que compra (las importaciones). La cuenta muestra un déficit cuando los pagos al extranjero son mayores que las ventas al extranjero.

---

[4]*weight*

En la cuenta de capital figuran las compras y ventas de activos tales como acciones, bonos, bienes raíces y compañías.

cuenta de capital = ingresos procedentes de la venta de activos
- gastos en la compra de activos en el extranjero

En la cuenta de capital, si un país obtiene más ingresos por la venta de activos al resto del mundo de lo que gasta comprándole activos, hay un superávit. Si éste es el caso, fluye capital al país y tiene una entrada neta de capital. En cambio, cuando el país compra más activos al extranjero que los que vende al extranjero, hay una salida neta de capital y la cuenta de capital registra un déficit. El dinero que se transfiere en estas transacciones se llama «divisas». «Divisa» es el nombre que se le da a la moneda extranjera.

Recientemente los EE.UU. registró un déficit en la balanza de pagos. Para financiar el déficit, el país tiene que vender los activos extranjeros que tiene el gobierno o hacer préstamos. Pero mejor que financiar el déficit es ajustar el déficit con más ventas al extranjero y menos compras. Si el total de las ventas y las compras entre un país y otro fuera igual, se diría que existe un equilibrio. Entre dos países que comercian entre sí, lo normal es que el superávit de un país es el déficit del otro. Si el Canadá vende más a los EE.UU., el Canadá registra un superávit y los EE.UU. un déficit y viceversa.

Intervención del Estado

Como la balanza de pagos influye en la economía de un país, es común que el Estado intervenga. La balanza de pagos registra un superávit cuando las cuentas corriente y de capital juntas muestran un superávit, cuando los ingresos netos de divisas son positivos. El déficit en la balanza de pagos existe cuando los ingresos netos de divisas por cuentas corriente y de capital son negativas. Para compensar el déficit, los bancos centrales pueden vender activos. Igualmente, cuando existe un superávit, los bancos centrales compran activos. Lo que ocurre es un balance. El superávit total de la balanza de pagos será igual a la compra de divisas por el banco central. El déficit será igual a las ventas de divisas por el banco central. El Estado no sólo interviene en la economía internacional en el mercado de divisas, sino de otras maneras también.

Proteccionismo Los gobiernos emplean los aranceles, que son impuestos sobre importaciones que el importador tiene que pagar al gobierno y que representa una proporción del precio del bien que se importa. Los aranceles hacen más caros los productos y tienden a disminuir las importaciones. Los aranceles se emplean para proveer rentas al Estado, para proteger la industria nacional y para reducir o eliminar la entrada de ciertos productos al país.

Además de los aranceles, los gobiernos pueden imponer cuotas sobre la importación de ciertos bienes. Estas cuotas o límites determinan la cantidad máxima de un bien que el gobierno permite importar. A los que apoyan[5] los aranceles y las cuotas se les llama «proteccionistas». Según ellos, la «protección» es necesaria para: proteger las industrias con valor militar/estratégico, aumentar la tasa de ocupación nacional, diversificar la industria nacional, proteger las industrias infantiles, proteger contra el «dumping» (El dumping ocurre cuando las empresas venden su producto en el extranjero a un precio inferior al costo de producción.) y proteger la mano de obra nacional contra la mano de obra extranjera barata.

A pesar de todos los argumentos en favor de la protección, la evidencia histórica sugiere que el comercio libre conduce a la prosperidad y al crecimiento económico y que el proteccionismo tiene el efecto contrario.

---

[5]*support*

ESTUDIO DE PALABRAS

Ejercicio 1   Study the following cognates that appear in this chapter.

la exportación	el ajuste	exportar
la importación	el equilibrio	importar
el déficit	la cuota	financiar
la balanza de pagos	el límite	intervenir
la demanda		proteger
el avance	exportador	ajustar
la intervención	importador	compensar
la protección	internacional	eliminar
el proteccionismo	nacional	
la anotación	doméstico	
la transacción	sujeto a	

Ejercicio 2   Study the following words and then complete each statement.

exportar   la exportación   exportador
importar   la importación   importador

1. El comercio internacional incluye _____ y _____.
2. Muchos países industrializados tienen que _____ la materia prima para poder _____ bienes manufacturados.
3. Algunos países, sobre todo los del tercer mundo (en vías de desarrollo), _____ mucha materia prima e _____ muchos productos manufacturados.

4. En muchos países el _____ tiene que pagar aranceles, que son impuestos sobre _____.
5. Un país _____ es un país que exporta más que lo que importa.
6. Y un país _____ es un país que importa más que lo que exporta.

Ejercicio 3   Select the appropriate word(s) to complete each statement.
1. A veces existen _____ o límites sobre la importación de ciertos bienes.
   a. cuotas   b. sujetos   c. avances
2. Si un país tiene más importaciones que exportaciones, habrá sin duda _____ en su balanza de pagos.
   a. una anotación   b. un superávit   c. un déficit
3. Si el total de los ingresos y los gastos de un país en importaciones y exportaciones es igual, existe un _____.
   a. déficit   b. superávit   c. equilibrio
4. A veces el gobierno tiene que _____ el comercio internacional.
   a. proteger   b. intervenir en   c. anotar
5. Muchos economistas consideran la intervención del gobierno en el funcionamiento del comercio internacional _____.
   a. equilibrio   b. balanza   c. proteccionismo
6. La economía doméstica es la economía _____.
   a. nacional   b. estatal   c. internacional

Ejercicio 4   Match the Spanish word or expression in Column A with its English equivalent in Column B.

A	B
1. mundial	a. assets
2. en vías de desarrollo	b. nonrenewable, unreplenishable
3. renovable	c. foreign
4. agotable	d. income
5. la ayuda exterior	e. developing
6. extranjero	f. tariffs
7. el comercio libre	g. worldwide
8. los activos	h. loan
9. las divisas	i. free trade
10. los ingresos, las rentas	j. replaceable
11. el préstamo	k. capital account
12. comerciar	l. current account
13. los aranceles	m. foreign aid
14. la cuenta corriente	n. to trade
15. la cuenta de capital	o. foreign currencies

Ejercicio 5   Complete each statement with the appropriate word(s).
1. No es una materia prima agotable. Es _____.
2. No es un problema local. Es _____.
3. No es de nuestro país. Es _____.
4. No son gastos. Son _____.
5. No son pasivos. Son _____.

Ejercicio 6   Complete each statement with the appropriate word(s).
1. Lo que uno tiene que pagar al gobierno por un producto importado son _____.
2. Si a uno no le queda dinero, tiene que hacer un _____.
3. El _____ es el comercio sin restricciones o reglamentaciones gubernamentales.
4. El hacer negocios comprando y vendiendo bienes es _____.
5. Los bonos, las acciones y los ahorros que tiene un individuo o una institución son ejemplos de sus _____.
6. La _____ es el dinero que le da un país a otro. Por lo general, son los países industrializados que ofrecen _____ a los países en vías de desarrollo.

COMPRENSION _____

Ejercicio 1   Complete each statement with the appropriate word(s).
1. *OPEC* en español es _____.
2. Las dos clases de materias primas son las _____ y las _____.
3. En la cuenta de capital, un país que obtiene más ingresos por la venta de activos tiene un _____ de capital.
4. Y un país que compra más activos al extranjero que los que vende al extranjero tiene un _____ de capital.
5. Una salida neta de capital (se) registra como un _____ en la cuenta de capital.
6. A las monedas extranjeras se les llaman _____.
7. Los aranceles y las cuotas tienden a _____ las importaciones.

Ejercicio 2   Answer.
1. ¿Qué causó el alza de precio del barril de crudo en los países industriales por parte de las naciones de la OPEP?
2. ¿De qué han dependido los países industriales para sus materias primas?
3. ¿Cuáles son algunos fenómenos que pueden cambiar la demanda por cierta materia prima?
4. ¿Cuál es un ejemplo de una materia prima renovable y de una materia prima agotable?
5. ¿Los EE.UU. tiene una balanza de pagos negativa o positiva?
6. ¿Cuáles son algunas ventajas de una balanza de pagos positiva?

7. ¿Qué figura en una cuenta corriente?
8. ¿Y qué figura en una cuenta de capital?
9. ¿Cuáles son algunos ejemplos de proteccionismo por parte del gobierno de los Estados Unidos en cuanto al comercio internacional?
10. ¿Por qué dicen algunos economistas que el proteccionismo es necesario?

Ejercicio 3   True or false?

1. Si los Estados Unidos baja los tipos de interés, los extranjeros invertirán más en los bonos y títulos del Estado.
2. Los EE.UU. no provee materia prima a ninguna nación.
3. La industria automovilística no pudo hacer nada para enfrentarse al problema del alza en el precio del petróleo por parte de las naciones de la OPEP.
4. La balanza de pagos de los Estados Unidos es siempre positiva.
5. Es mejor financiar el déficit en la balanza de pagos que ajustar el déficit con menos compras y más ventas.
6. Los aranceles son impuestos sobre las importaciones.

Ejercicio 4   Give the Spanish equivalent for each of the following terms.

1. developing nations
2. free trade
3. balance of payments
4. international money market
5. current account
6. capital account
7. foreign aid
8. foreign currencies
9. dumping

Capítulo 9
FINANZAS
INTERNACIONALES

Cambio de divisas

El comercio internacional requiere el cambio de divisas. Estos cambios tienen lugar en los mercados de divisas donde se compran y se venden las monedas de diferentes países. Las compañías norteamericanas compran yenes japoneses para pagar los bienes importados del Japón. Los franceses compran dólares para comprar un 747 de la Boeing. ¿Cuántos pesos le dan por un dólar? ¿Cuántos yenes por una libra esterlina? El tipo de cambio nos lo dice. El tipo de cambio es el precio de una moneda expresado en otra moneda. Por ejemplo, $1,00 = 580 pesos. El tipo de cambio en el mercado de divisas se determina por la oferta y la demanda de cada moneda. Con frecuencia los bancos centrales intervienen en los mercados de divisas para influir en el tipo de cambio.

Intervención en los mercados de divisas

El Banco de Japón, en 1987, intervino dramáticamente en el mercado comprando dólares y vendiendo yenes. El propósito era de mantener más bajo el precio del yen. No querían que el valor del yen subiera con relación al dólar. El tipo de cambio puede expresarse de dos maneras. Un ejemplo es el tipo de cambio dólar y peseta española. Se puede expresar como 100,25 pesetas por un dólar, o $,009926 dólares por una peseta. Si se tiene que pagar más en dólares por una moneda extranjera ahora que en el pasado, se dice que el dólar ha depreciado. Si el dólar compra más de la moneda extranjera, se dice que el dólar ha apreciado.

Los gobiernos pueden intervenir en los mercados de divisas como en el caso del Japón en 1987. Cuando los gobiernos no intervienen en los mercados de divisas se dice que el sistema es de tipos de cambio libremente fluctuantes o flexibles. En este sistema la oferta y la demanda determinan el tipo de cambio. Las importaciones representan la fuente de demanda y las exportaciones la fuente de oferta de divisas. La oferta de divisas por las exportaciones es lo que determina el tipo de cambio en el sistema de tipos de cambio libremente fluctuantes.

En el sistema de tipos de cambio fijos el gobierno interviene en los mercados de divisas o emplea otros mecanismos para contrarrestar los cambios en los tipos de cambio que resultan de las fluctuaciones en la oferta y la demanda. El gobierno puede emplear sus reservas oficiales de divisas para manipular el mercado. Estas reservas son las cantidades de moneda extranjera que posee el Estado. Tradicionalmente, los gobiernos han usado sus reservas de oro para este fin. Si los déficit y los superávit ocurren más o menos al azar[1], sin seguir un patrón[2], no hay problema. Pero si los déficit son continuos y prolongados, el problema de las reservas puede obligar al gobierno a buscar otras opciones o a abandonar el sistema de tipos de cambio fijos. El gobierno puede hacer lo siguiente.

Controlar el comercio internacional El gobierno puede intervenir imponiendo cuotas y aranceles, subsidios para ciertas exportaciones e impuestos sobre los intereses y dividendos que vienen de inversiones en el extranjero.

Controlar el cambio de divisas El gobierno les puede obligar a los individuos y las empresas a vender sus divisas solamente al gobierno. El gobierno entonces reparte las escasas divisas entre los diferentes importadores. El gobierno así puede limitar las importaciones al valor de las divisas obtenidas por la exportación. De esta manera el déficit en la balanza de pagos se elimina. Uno de los problemas que causa el control sobre el cambio de divisas es el mercado negro. Si hay importadores que están dispuestos[3] a pagar más por las divisas que el tipo de cambio oficial, alguien se las venderá ilegalmente.

Imponer ajustes domésticos El gobierno puede imponer políticas monetarias y fiscales nacionales para afectar los tipos de cambio de divisas. Puede limitar la cantidad de dinero en circulación si sube las tasas de interés. Estos ajustes corren el riesgo de llevar a la inflación y a la recesión económica.

Efecto de las variaciones en los tipos de cambio

¿Por qué se interesan los gobiernos en los tipos de cambio de divisas? Una razón es que quieren asegurar la competividad del producto nacional. Japón intervino en los mercados de divisas en 1987 para mantener el precio del yen frente al dólar. Un yen «caro» afectaría las exportaciones. Si el valor del yen sube un 25% respecto al dólar, un televisor Sony que vale $400 subirá en precio a $500. El consumidor norteamericano buscará un sustitutivo más barato, quizás un modelo coreano, si es que el «wan» coreano no haya subido también respecto al dólar.

Países ricos y países pobres

Los constantes déficit en las balanzas de pagos hacen que algunos países se conviertan en países deudores. Ya se sabe que hay una tremenda desigualdad en la distribución de la renta a nivel mundial. Los países industriales, Japón, EE.UU., Europa Occidental y algunos otros, tienen una población total de unos 700 millones. Pero tienen casi el 80% de la renta mundial. Al otro extremo, los países pobres, con menos del 5% de la renta mundial, tienen que mantener una población de 2.400 millones, más de tres veces la población de los países industrializados. La renta media en los países pobres en los años 80 era de $260 anuales; en los países ricos era de $11.430.

---

[1] *at random*   [2] *pattern*   [3] *ready*

Son muy dramáticas las cifras para la esperanza de vida[4] al nacer. En los países pobres el niño que nace puede esperar vivir hasta los 60 años de edad. En los países ricos, hasta los 76. Y si nos fijamos en la distribución de bienes, las diferencias son igual de dramáticas. En la India hay 4 teléfonos y 2 automóviles para cada 1.000 personas. En los EE.UU. hay 760 teléfonos y 625 automóviles.

Ayuda exterior

Las economías de muchos países pobres son tradicionales, basadas en la agricultura y el ganado. Para modernizar sus economías necesitan instrucción y adiestramiento. También necesitan una infraestructura—carreteras, puertos, electricidad y medios de transporte—todas las cosas necesarias para la eficiente producción y distribución de bienes y servicios. Todo esto cuesta mucho dinero. Muchos países no tienen con qué pagar. Para ayudar a los países en vías de desarrollo existe una serie de agencias nacionales e internacionales. El Fondo Monetario Internacional *(IMF)* se estableció en 1945. El Fondo da préstamos a corto plazo a los países miembros. Los países que aceptan los préstamos tienen que aceptar ciertas condiciones que impone el Fondo para que el país controle sus problemas de balanza de pagos. Estas condiciones muchas veces requieren ajustes en la política fiscal o monetaria del país.

El Banco Mundial es una importante fuente de fondos para el financiamiento y el desarrollo de los países pobres. Provee dinero para programas que combaten la desnutrición, el analfabetismo[5] y las enfermedades[6]. Los países en vías de desarrollo aceptaron préstamos, no sólo de las agencias internacionales y de los gobiernos, sino también de los bancos comerciales. En 1982 México declaró que no podía devolver la deuda ni pagar los intereses sobre sus préstamos. Otros países en Latinoamérica, Asia y Africa se encontraron en la misma situación y trataron de renegociar sus deudas.

Algunas causas de esta crisis fueron la mala administración de sus economías por los países deudores, la concesión de préstamos imprudentes por parte de los bancos comerciales y las malas condiciones en que se encontraba la economía mundial a principios de los años 80. Los tipos de interés subieron. Los precios de las mercancías básicas bajaron. La combinación de estos factores era un desastre para los países deudores. Necesitaban más dólares para financiar la deuda, pero recibían menos dólares por su producto. Para poder pagar la deuda, tenían que exportar más e importar menos. El resultado era una disminución en el nivel de vida. Tuvieron que devaluar su moneda e imponer medidas de austeridad.

Un nuevo orden económico internacional   Se puede dividir el mundo entre el norte rico y el sur pobre. Esta división equivale a la división entre las economías industrializadas y los países menos desarrollados o del tercer mundo. Los países del tercer mundo quieren una parte mayor de los recursos mundiales. Ellos dicen que el orden económico actual actúa en contra de ellos. Como ejemplo citan el

---

[4]*life expectancy*   [5]*illiteracy*   [6]*diseases*

control que tienen los países industrializados sobre los mercados para los productos primarios como la bauxita, el café, el cobre[7] y el cacao. Con este control pueden mantener unos precios muy bajos para estos productos. Los precios de los productos primarios bajan, pero los de los bienes manufacturados suben. También declaran que los países ricos cierran sus mercados a los productos manufacturados por los países del tercer mundo. Según ellos, las condiciones que imponen los bancos comerciales para sus préstamos son muy duras, y los créditos que les dan el Banco Mundial y agencias similares son demasiado caros. Los países en vías de desarrollo piden un nuevo orden económico internacional para poder corregir estos problemas.

---

[7]*copper*

ESTUDIO DE PALABRAS

Ejercicio 1   Study the following cognates that appear in this chapter.

la oferta	la austeridad	requerir
la demanda	la división	fluctuar
el control	el desastre	cambatir
la competividad		renegociar
la instrucción	fiscal	depreciar
la infraestructura		apreciar
el ajuste	manipular	devaluar
el financiamiento	ajustar	equivaler
la administración	modernizar	

Ejercicio 2   Match the verb in Column A with its noun form in Column B.

A	B
1. financiar	a. la depreciación
2. manipular	b. el control
3. depreciar	c. el requisito
4. fluctuar	d. la exportación
5. requerir	e. la importación
6. ajustar	f. el ajuste
7. exportar	g. la equivalencia
8. devaluar	h. el financiamiento
9. equivaler	i. la instrucción
10. controlar	j. la fluctuación
11. instruir	k. la devaluación
12. importar	l. la manipulación

Ejercicio 3   Select the appropriate word to complete each statement.
1. La mala administración de la economía de un país puede resultar en (una devaluación / un desastre).
2. La política fiscal es la política (monetaria / administrativa).

3. Un dólar (devaluado / apreciado) compra más.
4. La (administración / infraestructura) incluye las carreteras, los puertos, etc.
5. Cuando una divisa (actúa / fluctúa) mucho significa que en un período corto de tiempo tiene muchos altos y bajos.
6. A veces es necesario (depreciar / renegociar) un contrato.

Ejercicio 4 Match the Spanish word or expression in Column A with its English equivalent in Column B.

A	B
1. las divisas	a. free-floating
2. el tipo de cambio	b. investment
3. libremente fluctuante	c. development
4. el tipo de cambio fijo	d. foreign currencies
5. la inversión	e. illiterate
6. el préstamo	f. training
7. en vías de desarrollo	g. exchange rate
8. el desarrollo	h. loan
9. analfabeto	i. developing
10. el adiestramiento	j. standard of living
11. el nivel de vida	k. mean income
12. la renta media	l. fixed rate of exchange

Ejercicio 5 Complete each statement with the appropriate word(s).
1. Para eliminar el _____ es necesario darles a los ciudadanos más instrucción.
2. Para enseñar a la gente nuevos métodos técnicos es necesario darles más _____.
3. Los países industrializados tienen que ofrecer ayuda exterior a los países _____.
4. La tasa de mortalidad, el número de televisores, etc., tienen que ver con _____.
5. El contrario de «hacer una inversión» es «hacer un _____».
6. El contrario de «un tipo de cambio fijo» es _____.
7. El que no sabe leer ni escribir es _____.
8. Las monedas extranjeras son _____.
9. La _____ es de sólo $300 al año en muchos países en vías de desarrollo.

Ejercicio 6 Match the word in Column A with its definition in Column B.

A	B
1. repartir	a. libremente fluctuante
2. escaso	b. distribuir
3. la cifra	c. la instrucción técnica
4. el adiestramiento	d. el número
5. no fijo	e. poco

COMPRENSION

Ejercicio 1   Answer.
1. ¿Dónde se efectúa la compra y venta de divisas?
2. ¿Por qué tienen que comprar divisas las empresas?
3. Si el valor de una divisa aprecia mucho, ¿cómo afecta el precio de los bienes manufacturados en el país?
4. ¿Qué representa la fuente de demanda de una divisa?
5. ¿Qué representa la fuente de oferta?
6. ¿Qué puede hacer el gobierno para tratar de manipular o contrarrestar los cambios en el tipo de cambio de su moneda?
7. ¿En qué se basa la economía de muchos países en vías de desarrollo?
8. ¿Qué existe para tratar de ayudar a los pobres del tercer mundo?
9. Actualmente muchos países en Africa, Latinoamérica y Asia están tratando de renegociar sus deudas. ¿Por qué?
10. Los países en vías de desarrollo están pidiendo un nuevo orden económico para corregir muchos de sus problemas. Según estas naciones, ¿de qué injusticias sufren?

Ejercicio 2   True or false?
1. Los bancos centrales intervienen de vez en cuando para influir en el tipo de cambio.
2. Si el valor de un dólar baja de 125 pesetas a 110 pesetas, se dice que el dólar ha apreciado.
3. En el sistema de tipo de cambio libremente fluctuante, la oferta y la demanda determinan el valor de la divisa.
4. Un valor inflado o apreciado de una divisa asegura la competividad del producto nacional.
5. Las naciones industriales tienen casi el 50% de la renta mundial.
6. El Banco Mundial provee muchos fondos para el financiamiento y el desarrollo de los países pobres.

Ejercicio 3   In your own words, explain how a government can do the following.
1. controlar el comercio internacional
2. controlar el cambio de divisas
3. imponer ajustes domésticos

Ejercicio 4   In your own words, tell what will probably take place.
1. La familia Nielsen vive en un suburbio de Chicago. Quieren comprar un televisor. Les interesa mucho un Sony pero en este momento el yen japonés tiene un valor altísimo respecto al dólar estadounidense. Como consecuencia, el televisor será muy caro. ¿Qué harán los Nielsen y por qué?

2. Haití es un país pobre—el más pobre de este hemisferio. No tiene recursos naturales y casi no tiene fábricas. Por consiguiente tiene que importar casi todo lo que necesita. Su balanza de pagos es siempre negativa. ¿Qué le pasa a un país como Haití y por qué?

3. La Argentina es un país latinoamericano que ha sufrido y sigue sufriendo una crisis económica muy severa. Sufre de todos los problemas típicos de un país deudor. ¿Cuáles son algunos problemas que tendrá la Argentina?

Segunda parte
FINANZAS

Capítulo 10
FUNCION FINANCIERA

Para comprender el papel de las finanzas en el comercio hay que tener en mente las metas de la empresa. Las empresas tienen, como meta principal, la maximización del valor de las acciones. Los intereses de los accionistas deben ser los mismos que tiene la administración, aunque no es siempre así. Las decisiones que toma la administración afecta el valor de la empresa de varias maneras. Una decisión puede resultar en unas ganancias a corto plazo con efectos negativos a largo plazo y viceversa.

Se ha discutido mucho la responsabilidad social que tiene la empresa. Cuando se habla de la «maximización de valor», hay que añadir «dentro de la ley». Algunos inversionistas consideran la protección del medio ambiente[1] y la justicia social como importantes metas para la empresa. En los años 80 y 90 algunos accionistas votaron por eliminar las inversiones que tenían las empresas en Suráfrica. En otras ocasiones los accionistas han protestado contra el uso de la energía nuclear por las empresas. Aunque el interés por el medio ambiente y la justicia social motiva a muchos inversionistas, parece que la mayoría todavía considera la maximización del valor la primera obligación de la empresa, y así votan.

Dirección de la empresa

Los dueños o propietarios de una corporación o sociedad anónima son los accionistas. La Telefónica *(AT&T)*, la IBM y la General Motors tienen cientos de miles de dueños. Es obvio que esos dueños no pueden dirigir directamente las operaciones de las empresas. Los accionistas votan por miembros de una junta directiva o junta de directores. Los miembros de la junta entonces eligen a uno de su número como presidente de la junta. La junta y su presidente entonces nombran a los oficiales de la empresa. En los EE.UU., por regla general y por ley, la corporación tiene que tener un presidente, un secretario y un tesorero. Las empresas grandes tienen muchos oficiales. En algunas corporaciones hay varios presidentes y docenas de vicepresidentes.

Tradicionalmente, el encargado de las finanzas de una corporación era el tesorero. Hoy son muy comunes dos nuevos puestos: el contralor y el vicepresidente de finanzas. Las responsabilidades del contralor son las funciones de contabilidad y control. El contralor se ocupa del mantenimiento de los estados

---

[1] *environment*

financieros y otros registros y documentos. Identifica las variaciones y desviaciones en los resultados esperados; administra el sistema de sueldos y salarios, pagos de impuestos, inventarios, activos fijos y operaciones de computadora.

El tesorero es responsable del financiamiento y de las inversiones. Cuida del efectivo y los otros activos corrientes (circulantes), recauda fondos adicionales cuando sea preciso e invierte fondos en proyectos. Toma parte en la planificación a largo plazo; anticipa los cambios en la tecnología, los costos, el capital que se necesitará para inversiones, las ganancias derivadas de nuevos proyectos que se proponen y la demanda para el producto. Ayuda en determinar el efecto de los precios en las ganancias. También se ocupa de los seguros, las pensiones, los programas de incentivo, etc.

Jerarquía empresarial

En la jerarquía empresarial el contralor y el tesorero pueden ser iguales; uno no es superior al otro. El jefe de ambos es el vicepresidente de finanzas. Todas las operaciones financieras y la planificación son responsabilidades del vicepresidente de finanzas. El les informa y les aconseja[2] a los miembros de la junta de directores sobre asuntos[3] de finanzas. Aunque las responsabilidades para las finanzas de la corporación estén en manos de los especialistas como el tesorero y el contralor, el personal en otras áreas también contribuye a la toma de decisiones financieras. Los que trabajan en producción, en ventas, en mercadeo tienen un papel. Los vendedores, por ejemplo, pueden indicar el efecto que tendría un alza[4] en el precio del producto. El papel[5] de las finanzas en las grandes empresas es tan importante que es frecuente que el presidente o funcionario ejecutivo principal venga del área de finanzas, normalmente la vicepresidencia de finanzas. Aquí vemos la estructura administrativa de una empresa típica.

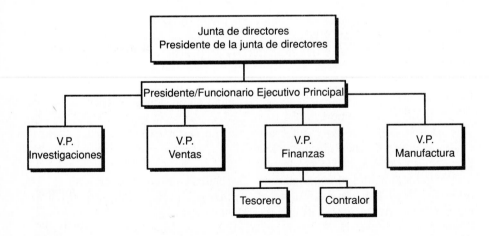

---

[2]*advises* [3]*matters* [4]*increase* [5]*role*

Como la junta de directores representa a los accionistas, la junta es el jefe, y tanto el funcionario ejecutivo principal como los vicepresidentes son empleados. En general, la toma de decisiones rutinarias está en manos del presidente con ayuda de los vicepresidentes y otros, pero la junta de directores aprueba o rechaza las recomendaciones de los oficiales.

Otra manera de representar la organización de la empresa es por la pirámide.

Administración I — La junta de directores, el presidente, los vicepresidentes

Administración II — Los gerentes (de manufactura, ventas, etc.), el contralor (el tesorero)

Gerencia III — Jefes de departamento, capataces, supervisores

Mano de obra — Vendedores, técnicos, obreros, secretarios, operadores de máquinas

Funciones administrativas

Las funciones de los administradores varían según el nivel. Hay cuatro funciones administrativas: la planificación, la organización, la dirección y el control. Los altos administradores se dedican mucho a la planificación, poco a la dirección y algo a la organización y al control. Los del segundo grupo se dedican mucho al control y algo a las otras tres áreas. Los del tercer grupo se dedican mucho a la dirección, poco o nada a la planificación y algo a la organización y al control. En las finanzas, entonces, el vicepresidente se ocupa primero de la planificación y poco a la dirección. El contralor y el tesorero se dedican más al control que a otra cosa y algo a las otras tres funciones.

Ya se dijo que la meta de la empresa es la maximización del valor. Aunque parece clara y sencilla esta meta, los medios que se emplean para lograrla[6] no lo son. Los que son responsables por las finanzas de la corporación tienen que considerar muchos factores al tomar una decisión. La política que resulta en

---

[6]*to achieve*

mayor valor a corto plazo puede tener un resultado negativo a largo plazo. Pero también una inversión que rinde[7] mayor renta a largo plazo puede ser menos valiosa[8] que una inversión con menos ganancia a corto plazo porque el valor del dinero cambia con el tiempo. Un dólar hoy, con una tasa de interés del 8% es un dólar ocho centavos el año que viene y un dólar, diecisiete centavos en dos años. Más adelante hablaremos del valor temporal del dinero.

_____

[7]*yields*   [8]*valuable*

ESTUDIO DE PALABRAS

Ejercicio 1   Study the following cognates that appear in this chapter.

la maximización	la variación	la pensión
la administración	el resultado	el programa de
la responsabilidad	el sistema	incentivo
la obligación	el salario	el especialista
el propietario	el inventario	el supervisor
la corporación	la decisión	la recomendación
la operación	la computadora	el factor
el miembro	el financiamiento	
el presidente	la planificación	protestar
el vicepresidente	el proyecto	motivar
el secretario	los fondos	identificar
el tesorero	el costo	administrar
el contralor	el capital	determinar
las finanzas	la demanda	considerar
la función	el producto	variar
el documento	el efecto	votar

Ejercicio 2   Give the word being defined.
1. la acción de planificar
2. la acción de financiar
3. la acción de administrar
4. la acción de recomendar
5. la acción de decidir

Ejercicio 3   Complete each statement with the appropriate word(s).
1. El tesorero y el _____ se ocupan de las finanzas de la empresa.
2. Los fondos que tiene la empresa es su _____.
3. La _____ para el producto determina la cantidad que se vende.
4. Una empresa es una _____.
5. El presidente es un _____ de la junta de directores.
6. El _____ es el dinero que recibe el empleado por su trabajo.

7. La _____ es lo que recibe el empleado cuando se retira, por lo general, a los 65 años.

8. El estimado de las mercancías que quedan es el _____.

Ejercicio 4 Match the English word or expression in Column A with its Spanish equivalent in Column B.

A	B
1. Board of Directors	a. dirigir
2. chief executive officer	b. la ganancia
3. to elect	c. la acción
4. to direct	d. el efectivo
5. investor	e. a corto plazo
6. investment	f. la tasa de interés
7. stockholder	g. la junta de directores (directiva)
8. stock	h. la contabilidad
9. short-term	i. recaudar
10. long-term	j. el funcionario ejecutivo principal
11. accounting	k. los seguros
12. fixed assets	l. el inversionista
13. profit	m. la política
14. cash	n. los activos fijos
15. tax payment	o. elegir
16. insurance	p. a largo plazo
17. interest rate	q. el accionista
18. policy	r. el pago de impuestos
19. to collect	s. la inversión

Ejercicio 5 Select the appropriate word to complete each statement.

invertir   inversionista   inversión
acción   accionista

1. La Sra. Vargas quiere _____ en la empresa Castells y Hmnos.
2. Ella va a hacer una _____ en la compañía.
3. Quiere comprar _____.
4. Muchos _____ compran acciones en las grandes corporaciones.
5. Los _____ pueden votar por los miembros de la junta de directores.

Ejercicio 6 Complete each statement with the appropriate word(s).

1. El funcionario más alto de la empresa nombrado por la junta de directores es el _____.
2. La _____ varía pero en este momento está al 8% más o menos.
3. El departamento de _____ se encarga de (se responsabiliza por) las finanzas de la empresa.
4. El gobierno _____ los impuestos, y las corporaciones y los individuos los pagan.

5. Los accionistas _____ por los miembros de la junta de directores.
6. Una inversión _____ es por mucho tiempo.
7. Y una inversión _____ es por poco tiempo.
8. Hay _____ de vida, de auto, de medicinas, de daños, etc.
9. El no pagó con un cheque. Pagó en _____.
10. Las _____ son los beneficios que recibe la empresa.

Ejercicio 7   Match the word or expression in Column A with its definition in Column B.

A	B
1. la meta	a. la corporación
2. la empresa	b. el contrario de «aprobar», no aceptar
3. la sociedad anónima	c. el objetivo
4. el dueño	d. consentir, dar por bueno, aceptar
5. el encargado	e. el salario
6. el sueldo	f. la compañía
7. aprobar	g. el propietario
8. rechazar	h. el responsable

Ejercicio 8   Match the English expression in Column A with its Spanish equivalent in Column B.

A	B
1. management	a. el vendedor
2. sales representative	b. el mercadeo
3. sales	c. la mano de obra
4. marketing	d. la gerencia
5. foreman	e. el obrero
6. laborer	f. las ventas
7. manpower	g. el capataz

Ejercicio 9   Give the word being defined.
1. el dinero que uno tiene en la forma de dinero-papel y monedas
2. el dinero que recibe la empresa por su producto
3. el dinero que paga la empresa o el individuo al gobierno
4. el que tiene (es tenedor de) acciones
5. el grupo que se encarga del funcionamiento de una gran empresa
6. el dinero que uno recibe por el trabajo que hace
7. una gran empresa o corporación
8. el departamento de la empresa que se encarga de vender el producto
9. el departamento de la empresa que se encarga del control de las finanzas
10. el objetivo
11. el que trabaja en una fábrica
12. el supervisor de los obreros

COMPRENSION _____

Ejercicio 1   True or false?
1. Los accionistas dirigen las operaciones de las empresas.
2. Los accionistas eligen al presidente de la junta de directores.
3. El contralor de la empresa se ocupa de la contabilidad y del control financiero de la empresa.
4. El contralor determina si la empresa está realizando los resultados económicos esperados.
5. El contralor generalmente se dedica más a la planificación a largo plazo que el tesorero.
6. El tesorero se ocupa de los seguros, las pensiones y el programa de incentivo.

Ejercicio 2   Answer.
1. ¿Cuál es la meta principal de una empresa?
2. ¿Quiénes son los dueños de una corporación o sociedad anónima?
3. ¿Por quiénes votan los accionistas?
4. ¿Qué hace el contralor?
5. ¿Quién administra el sistema de sueldos, el inventario, etc.?
6. ¿Qué hace el tesorero?
7. ¿Quién es el jefe del contralor y del tesorero?
8. ¿Cuál es otro personal que interviene en o contribuye a la toma de decisiones financieras de la empresa?
9. ¿Cómo se dice *CEO* en español?
10. ¿Quiénes se dedican más a la planificación de la empresa, los administradores o los gerentes?
11. ¿Quiénes se dedican más a la dirección?
12. ¿Cómo es posible que una decisión que resulta en mayor valor a corto plazo pueda tener un resultado negativo a largo plazo?

Ejercicio 3   Prepare a list of the responsibilities of the following individuals in a large corporation.
1. el contralor
2. el tesorero

Capítulo 11
SISTEMA FINANCIERO DE LOS ESTADOS UNIDOS

Para tener una economía estable y saludable es imprescindible[1] un sistema financiero eficiente. Forman parte del sistema las instituciones y los mercados que sirven al público y a las empresas en el financiamiento de la compra de bienes y servicios, en la inversión de capital y en la transferencia de valores y obligaciones.

Lo que hace el sistema financiero es ayudar en la transformación de ahorros en inversiones. Los ahorros son las rentas que tienen los individuos y las empresas después de haber pagado por los bienes y servicios que reciben durante determinado período de tiempo. Esas rentas, o dinero, se usan para la compra de activos fijos por otros para la producción de bienes y servicios. Los ahorros se convierten en inversiones. La persona o empresa puede, por medio del sistema financiero, transferir el dinero ahorrado a otros para el financiamiento de oportunidades de producción. Este tipo de transacción resulta en un activo financiero que es una demanda contra las rentas futuras y los activos de la persona que emite el activo. Para el que emite el activo esta demanda representa un pasivo financiero. Para cada activo financiero que tiene una persona o empresa existe un pasivo correspondiente. Si el sistema financiero tiene un producto, es el activo financiero.

Mercados financieros

Para la compra y venta de activos hay mercados. Hay mercados primarios y secundarios. Los mercados primarios son los mercados donde se venden inicialmente las acciones o los bonos, o sea, la venta de los activos financieros nuevamente emitidos. La mayoría de las compras y ventas de activos financieros se efectúan[2] por medio de negociantes y corredores. Los mercados secundarios son los mercados donde se negocian subsiguientemente. La mayor parte de la actividad de los negociantes y corredores es de mercado secundario. Los mercados secundarios ofrecen grandes ventajas al público. El inversionista tiene una gran variedad de activos financieros para escoger. No se limita solamente a los activos recién emitidos. El inversionista que necesita efectivo puede vender sus activos sin tener que esperar la fecha de vencimiento de un título o bono. Los mercados secundarios son muy importantes para los accionistas. Con tal de que la empresa

---

[1]essential [2]are carried out

que emitió las acciones originalmente todavía exista, las acciones son negociables. Es obvio que siempre hay más activos financieros existentes que nuevos activos emitidos. Por eso hay más actividad en los mercados secundarios que en los mercados primarios.

Los negociantes compran activos financieros y luego los venden. Su ganancia es la diferencia entre el precio que pagan por el activo y el precio que reciben al venderlo. Los corredores no compran activos. Ellos encuentran compradores para sus clientes que quieren vender activos y viceversa. El corredor recibe una comisión por cada transacción.

Intermediarios financieros

Lo que hace funcionar el sistema financiero son los intermediarios financieros. Los intermediarios son instituciones como los bancos, las cajas de ahorro, las casas de ahorro y préstamo y las compañías de seguros. Los intermediarios compran los pasivos de empresas e individuos. También piden prestado emitiendo sus propios pasivos. Algunas ventajas que ofrecen los intermediarios en la transferencia de fondos son las siguientes:

• Liquidez y flexibilidad.   El intermediario puede reunir los fondos de muchos inversionistas para proveer grandes sumas al que necesita dinero.
• Facilidad y conveniencia.   El intermediario les ofrece a sus clientes una variedad de servicios financieros.
• Diversificación.   El intermediario hace préstamos a una variedad de personas y empresas disminuyendo el riesgo para sus inversionistas. En los EE.UU. el gobierno federal asegura las cuentas de ciertos tipos de instituciones.
• Experiencia.   El intermediario, porque se dedica a la compra y venta de activos, generalmente conoce el mercado mejor que puede ningún individuo.

Bancos Los intermediarios más comunes son los bancos comerciales. Hay más de 15.000 en los EE.UU. Los bancos comerciales ofrecen muchos servicios: cuentas corrientes, cuentas de ahorro, préstamos, hipotecas. También hay cajas de ahorro, casas de ahorro y crédito y bancos de ahorro. Ellos reciben sus fondos de las cuentas de ahorros de sus clientes. Ellos prestan dinero, especialmente a personas para la compra de casas. Las asociaciones cooperativas de crédito se forman de miembros o socios con cierta afinidad[3]: empleados de una misma empresa, por ejemplo, o de un mismo oficio como taxistas, pilotos, enfermeros, etc. Ellos ofrecen cuentas de ahorros a sus socios y usan el dinero para hacer préstamos a los socios. Aunque tienden a ser pequeñas, estas instituciones son numerosas; hay más de 20.000 en los EE.UU.

Otros intermediarios financieros son las compañías de seguros, los fondos de pensiones, los fondos mutualistas y las compañías de préstamos.

---

[3]*similarity*

Compañías de seguros Las compañías de seguros son de dos tipos: de vida y de propiedad y daños. El contrato para seguros se llama «póliza». El asegurado paga cierta cantidad de dinero—la prima—a la compañía de seguros. La compañía promete pagar si el asegurado sufre los daños contra los que tiene el seguro. La compañía recauda primas de muchas personas para pagar las pérdidas de muy pocas personas. Las primas que recaudan se invierten. Las pólizas de vida tienen un elemento de ahorro. Una parte de la prima se guarda[4] como un depósito de banco y acumula intereses. A través del tiempo el total aumenta con la paga de primas adicionales e intereses. Este total es el valor en efectivo de la póliza. Las compañías de seguros acumulan enormes cantidades de dinero para inversiones. Las compañías de seguros son intermediarios importantísimos en el sistema financiero.

Fondos de pensiones Los fondos de pensiones sirven para proveer rentas a personas retiradas o incapacitadas. Los trabajadores y los patronos contribuyen dinero a los fondos y los fondos invierten el dinero en acciones, bonos o títulos e hipotecas.

Fondos mutualistas Los fondos mutualistas son instituciones que pagan a profesionales para hacer las inversiones del fondo y manejar los activos. La gente compra acciones en el fondo. Cada «acción» es una parte del total de las inversiones del fondo. Los participantes en un fondo mutualista tienen el derecho de vender sus acciones en el fondo al fondo cuando quieran. Las acciones de fondos mutualistas no se comercian en el mercado secundario. La ventaja para el inversionista es que puede invertir en una variedad de acciones y bonos.

Compañías de préstamos Las compañías de préstamos de diferentes tipos generalmente reciben préstamos de los bancos comerciales o emiten activos. Ellos entonces hacen préstamos a corto plazo y con altas tasas de interés. Sus clientes, muchas veces, tienen dificultad en recibir préstamos de banco.

Instrumentos financieros

Los intermediarios financieros negocian en los mercados de valores. Los instrumentos que negocian son de diferentes clases. Los activos financieros son el dinero, la deuda y las acciones.

Dinero El gobierno emite el dinero en papel y metálico. Los depósitos a la vista (cuentas corrientes de cheques) también pueden considerarse dinero ya que los cheques funcionan como el dinero.

Deuda Casi todo el mundo emite deuda—los individuos, las empresas y el gobierno. El que emite una deuda promete pagar cierta cantidad al acreedor después de determinado tiempo. Las empresas emiten deuda y también acciones. Las acciones son la propiedad de la empresa. Los que tienen las acciones son los dueños de la empresa. Los accionistas reciben una porción de las ganancias de la empresa, pero sólo después de que se haya pagado a los acreedores. Por eso los poseedores de la deuda saben exactamente lo que van a recibir, los accionistas, no.

---

[4]*is kept, held*

Las formas de deuda son hipotecas, títulos del gobierno y bonos de diferentes clases. Los gobiernos federal, estatales y municipales emiten títulos y bonos. Los títulos o bonos municipales son atractivos porque los intereses derivados no son sujetos a impuestos federales. Sólo las grandes corporaciones emiten bonos corporativos. Las empresas pequeñas van a los bancos para préstamos. Los bonos son de largo plazo y se usan para financiar la construcción de plantas nuevas y similar. La empresa promete pagar cierta cantidad al portador durante determinado período de tiempo. Cuando vence el tiempo, la empresa paga el valor del bono. Por ejemplo, un bono de $1.000 que vence en 20 años con tasa de cupón del 10% al año pagará $100 cada año, y al completar el período de 20 años, los $1.000 del valor del bono. El cupón es el interés que se le paga al portador, es una porción del valor del bono y se paga, normalmente, dos veces al año.

Acciones Las acciones son de dos tipos, comunes y preferenciales. Como se sabe, los que tienen acciones reciben una porción de las ganancias de la empresa, un dividendo, después de que se haya satisfecho la deuda. Las acciones preferenciales reciben una cantidad específica como dividendo antes de que se pague cualquier dividendo a los accionistas comunes.

La compra y venta de acciones se efectúa en las Bolsas de Valores. La más famosa es la de Nueva York *(NYSE),* pero hay muchas en los EE.UU. y en otros países. Las empresas tienen que cumplir con ciertos requisitos[5] para inscribirse[6] en la Bolsa. La más exigente[7] es la de Nueva York; la American Exchange *(AMEX)* es un poco menos exigente. Las compañías pequeñas, por lo general, venden sus acciones «sobre el mostrador», sin participar en las Bolsas de Valores. Las Bolsas sirven de mercado para la compra y venta de acciones; proveen información a los inversionistas sobre el valor de las acciones; tienden a mantener los precios estables y facilitan la circulación de nuevas emisiones de valores.

Títulos y bonos Los títulos y bonos representan deudas a largo plazo, es decir, deudas con más de un año de vencimiento, y se negocian en los mercados de capital. Las deudas a corto plazo se negocian en los mercados de dinero. En los mercados de dinero se negocian fondos federales, bonos fiscales, certificados de depósito y otros valores del mercado de dinero.

Fondos federales Los fondos federales son los depósitos de reserva de los bancos comerciales. Este dinero se compra y se vende entre bancos en unidades de $1.000.000,00. Estos préstamos son de uno o dos días. Las tasas de interés pueden variar hasta por hora. El volumen de estas transacciones puede alcanzar hasta $20 billones diarios.

Bonos fiscales Los bonos fiscales emitidos por la Tesorería son deuda a corto plazo. El bono tiene un valor nominal, $1.000 por ejemplo, y vence en 12 meses. El gobierno lo vende a un descuento por $950. Cuando el bono vence en un año, el portador recibe $1.000 del gobierno.

---

[5]*requirements*   [6]*to register, enter*   [7]*demanding*

Tasas de interés Las tasas de interés son el precio del crédito en los mercados financieros. Por lo general, si las tasas de interés son altas para un tipo de activo, también lo son para otros. Varios factores afectan las tasas de interés. La oferta y la demanda afectan a este mercado también. Si hay mucho dinero para prestar, las tasas de interés bajan. Si hay poco dinero, suben. Cuando se prevé la inflación, las tasas de interés tienden a subir porque la gente quiere comprar bienes y servicios a bajo precio y pagar con dinero barato más tarde.

En resumen, para las empresas que necesitan dinero hay varios recursos. Pueden emitir acciones comunes y preferenciales. Pueden recurrir a la deuda; a corto plazo la deuda puede ser pagarés al banco o cuentas a pagar a los que les proveen bienes y servicios. A largo plazo la deuda puede ser en forma de hipotecas con los bienes raíces o activos fijos de la empresa como garantía de pago al acreedor, o la emisión de bonos no garantizados.

ESTUDIO DE PALABRAS _____

Ejercicio 1   Study the following cognates that appear in this chapter.

la institución	el fondo mutualista	estable
el financiamiento	el dividendo	negociable
la transacción	el interés	comercial
la transformación	los fondos federales	
la comisión	el depósito de	contribuir
el banco	reserva	
el fondo de pensión	el descuento	

Ejercicio 2   Select the appropriate word(s) to complete each statement.
1. Un valor (estable / negociable) es un título o una acción que se puede comerciar o negociar por cierta suma de dinero.
2. (El interés / La comisión) es lo que se paga a una persona por haberle vendido algo.
3. Uno recibe (interés / comisión) de una cuenta de ahorros en el banco.
4. La empresa y los empleados tienen que (comerciar / contribuir) al fondo de pensión.
5. El (banco / fondo) es una institución financiera.
6. Las acciones pagan (un dividendo / una comisión).
7. Una economía (estable / inestable) funciona bien.

Ejercicio 3   Match the verb in Column A with its noun form in Column B.

A	B
1. financiar	a. la contribución
2. contribuir	b. la transformación
3. descontar	c. el descuento
4. transformar	d. la inversión
5. invertir	e. el financiamiento

Ejercicio 4   Match the English word or expression in Column A with its Spanish equivalent in Column B.

A	B
1. Stock Market	a. sobre el mostrador
2. stockbroker	b. el activo
3. stockholder	c. los ahorros
4. over-the-counter	d. el corredor
5. government bond	e. la inversión
6. corporate bond	f. el portador, el tenedor
7. savings	g. el valor nominal
8. investment	h. el Mercado (la Bolsa) de Valores
9. investor	i. el efectivo
10. due date	j. el accionista
11. bearer	k. el pasivo
12. to come due	l. el bono federal (estatal, municipal)
13. cash	m. la demanda
14. gain	n. la fecha de vencimiento
15. asset	o. la ganancia
16. liability	p. el título corporativo
17. claim	q. el inversionista
18. face value	r. vencer
19. common stock	s. la acción preferencial
20. preferred stock	t. la acción común

Ejercicio 5   Select the appropriate word(s) to complete each statement.
1. Se efectúa la compra y venta de acciones en el _____.
   a. Mercado de Valores   b. departamento de vendedores   c. accionista
2. El _____ puede vender o comprar acciones para sus clientes.
   a. inversionista   b. acreedor   c. corredor
3. El acreedor tiene _____.
   a. pasivos   b. activos   c. descuentos
4. El deudor tiene _____.
   a. pasivos   b. activos   c. descuentos
5. El deudor tiene que pagar el valor nominal al portador del bono en
   _____.
   a. el mercado   b. la fecha de vencimiento   c. el corredor
6. _____ es la diferencia entre el precio de una acción al comprarla y al
   venderla si el precio de venta es más alto que el de compra.
   a. La comisión   b. El efectivo   c. La ganancia
7. El dinero-papel o las monedas metálicas son _____ pero una acción
   o un bono no lo es.
   a. título   b. efectivo   c. ahorro
8. Las acciones son una _____ que lleva cierto riesgo.
   a. inversión   b. comisión   c. ganancia

9. Otra palabra que significa «tenedor» o «poseedor» es _____.
   a. corredor   b. portador   c. acreedor
10. Los inversionistas convierten _____ en inversiones.
   a. sus ahorros   b. su balance   c. sus pasivos

Ejercicio 6   Match the English word or expression in Column A with its Spanish equivalent in Column B.

A	B
1. commercial bank	a. la cuenta de ahorros
2. savings bank	b. el préstamo
3. savings and loan institution	c. el banco comercial
4. credit union	d. la cuenta a la vista
5. savings account	e. prestar
6. checking account	f. la casa de ahorros y préstamo
7. day-to-day account	g. el depósito
8. deposit	h. el pagaré
9. loan	i. pedir prestado
10. mortgage	j. la caja de ahorros
11. promissory note	k. la hipoteca
12. interest rate	l. la asociación cooperativa de crédito
13. to borrow	m. la cuenta corriente
14. to lend	n. la tasa de interés

Ejercicio 7   Answer the following questions personally.
1. ¿Tienes una cuenta corriente?
2. ¿Tienes una cuenta de ahorros?
3. ¿Es una cuenta a la vista o a plazo?
4. ¿En qué banco tienes la cuenta?
5. ¿Qué tipo de banco o institución financiera es?
6. ¿Cuál es la tasa de interés para la cuenta de ahorros?
7. ¿Eres dueño(-a) o propietario(-a) de tu casa?
8. ¿Tienes una hipoteca?

Ejercicio 8   Select the appropriate rejoinder to each of the following statements.
1. El necesita dinero.
   a. Lo va a pedir prestado.
   b. Lo va a pagar.
   c. Lo va a depositar en su cuenta corriente.
2. Ella puede pedir prestado dinero donde trabaja.
   a. Va a la caja de ahorros y préstamos.
   b. Va a un banco comercial.
   c. Va a una asociación cooperativa de crédito.

3. Quiere dinero para comprar una casa.
   a. Tiene que solicitar una hipoteca.
   b. Tiene que hacer un préstamo pequeño.
   c. Tiene que abrir una cuenta.
4. Quiere ingresar dinero en su cuenta de ahorros.
   a. Va a hacer un préstamo.
   b. Va a hacer un depósito.
   c. Va a sacar un pagaré.

Ejercicio 9   Match the English word or expression in Column A with its Spanish equivalent in Column B.

A	B
1. insurance company	a. la prima
2. policy	b. la compañía de seguros
3. premium	c. el asegurado
4. cash value	d. la póliza
5. insured	e. el valor en efectivo

Ejercicio 10   Answer the following questions personally.
1. ¿Tienes una póliza de seguros?
2. ¿Con qué compañía tienes la póliza?
3. ¿Cuál es la fecha de vencimiento de la prima?
4. ¿Paga dividendos la póliza?
5. ¿Se acumulan los dividendos?
6. ¿Rinden intereses los dividendos acumulados?
7. ¿Cuál es el valor actual en efectivo de la póliza?

COMPRENSION

Ejercicio 1   Answer.
1. ¿Qué son los ahorros?
2. ¿Cómo se transforman los ahorros en inversiones?
3. ¿Qué hacen los corredores?
4. ¿Qué es la ganancia para un negociante de un activo financiero?
5. ¿Cuáles son algunos intermediarios financieros?
6. ¿Por qué pueden los intermediarios financieros pedir prestadas grandes sumas de dinero?
7. ¿Qué promete hacer una compañía de seguros para el asegurado?
8. ¿Cómo tienen las pólizas de vida un elemento de ahorro?
9. ¿Qué compra la gente en un fondo mutualista?
10. ¿Puede el inversionista en un fondo mutualista vender sus acciones en el fondo cuando quiera?
11. ¿Por qué no se comercian las acciones de fondos mutualistas en el mercado secundario?

12. ¿Por qué quisiera o necesitaría una persona pedir prestado dinero a una compañía de préstamos?
13. ¿Qué reciben los accionistas?
14. ¿Cuál es la diferencia entre una acción común y una acción preferencial?

Ejercicio 2   Select the appropriate word(s) to complete each statement.
1. Un activo para uno es un (pasivo / fijo) para otro.
2. La persona que (compra / emite) un activo tiene una demanda contra sus rentas futuras.
3. Los (negociantes / corredores) compran y venden acciones u otros activos.
4. Hay más activos en los mercados (primarios / secundarios).
5. Los (bancos / mercados) de valores son intermediarios financieros.
6. (Los bancos comerciales / Las casas de ahorros y crédito) ofrecen más servicios financieros.
7. (Los bancos comerciales / Las casas de ahorros y crédito) reciben sus fondos solamente de las cuentas de ahorros de sus clientes.
8. Los fondos (de pensión / mutualistas) proveen rentas a las personas retiradas (jubiladas).
9. (Los bancos comerciales / Las compañías de préstamos) tienen tasas de interés más altas.
10. (Las acciones / Los bonos) son propiedad en la empresa.
11. (Una acción / Un bono) es una unidad de propiedad en la empresa.
12. (Las acciones / Los bonos) son una forma de deuda.
13. Las empresas (grandes / pequeñas) emiten títulos corporativos.
14. Las empresas (grandes / pequeñas) van a los bancos a hacer préstamos.
15. La compra y venta de acciones se efectúa en las (Bolsas de Valores / agencias de corredores).
16. Las compañías (grandes / pequeñas) venden sus acciones sobre el mostrador.

Ejercicio 3   Make a list of at least six types of investments.

Ejercicio 4   Make a list of at least six types of financial intermediaries.

Ejercicio 5   Make a list of at least six financial instruments.

Ejercicio 6   Describe the following terms.
1. los mercados primarios
2. los mercados secundarios
3. la asociación cooperativa de crédito
4. la prima
5. el fondo mutualista
6. el título corporativo

Capítulo 12
ORGANIZACIONES
COMERCIALES

En los EE.UU. las grandes empresas son corporaciones. Se ven las siglas[1] *Inc.*— incorporado. En los países hispanos las grandes empresas son sociedades anónimas—S.A. Para comprender la idea de «corporación» o «sociedad anónima», hay que pensar en el concepto de «persona».

Persona física / Persona jurídica

La persona física es hombre o mujer. Tiene nombre y domicilio y ciertas responsabilidades para con el Estado. También existe la persona jurídica. La persona jurídica puede ser un club, una fundación o una empresa. La persona jurídica tiene nombre, *McGraw-Hill, Inc.,* domicilio, *New York, NY,* y una serie de responsabilidades.

Negocio de propiedad individual

En el mundo de los negocios la persona física tiende a ser dueño de un pequeño negocio— llamado «negocio de propiedad individual». El dueño no tiene que invertir en escrituras legales ni otros gastos en formalidades para establecerse. No tiene que responder a una junta de directores ni a accionistas. Es su propio jefe. Tiene que pagar impuestos sobre sus ganancias, pero las ganancias son suyas y no tiene que compartirlas[2] con nadie.

Las desventajas que tiene el negocio de propiedad individual, de persona física, son tres. El dueño tiene la responsabilidad personal por todos los pasivos de la empresa. Para cubrir las deudas de la empresa el propietario puede tener que vender su casa y sus efectos personales. Le falta la capacidad para reunir[3] grandes cantidades de dinero. No puede vender acciones ni emitir bonos. La empresa de persona física tiene la misma vida que su dueño. Cuando muere el propietario, muere el negocio.

Asociaciones

Una asociación tiene dos o más socios que son los dueños. Los socios se ponen de acuerdo sobre lo que cada uno va a invertir en la empresa. La inversión puede ser dinero, trabajo u otros bienes o servicios. Y determinan los beneficios que cada uno recibirá. Las ganancias de la asociación se reparten entre los socios y

---

[1] *abbreviation, initials*   [2] *share*   [3] *gather*

ellos pagan impuestos sobre ingreso personal. Hay dos tipos de asociaciones: asociaciones generales y asociaciones limitadas.

Asociación general En una asociación general cada uno de los socios es responsable por las deudas de la asociación. Las ganancias de la asociación se dividen de cualquier manera que quieran los socios.

Asociación limitada En una asociación limitada hay dos clases de socios. La asociación limitada tiene que tener por lo menos un socio general que es responsable por todas las deudas de la asociación. Los socios limitados invierten en la empresa y toman parte en las ganancias, pero sólo tienen responsabilidad para las deudas hasta el máximo de su inversión en la asociación.

Las ventajas de la asociación son: la posibilidad de juntar talentos y recursos complementarios, la facilidad con que se forma una asociación y la poca interferencia por parte del gobierno. Las desventajas son: el pasivo ilimitado de todos los socios excepto los socios limitados y la falta de permanencia. Si un socio se retira o muere se disuelve la asociación. Muchas asociaciones son bufetes de abogados[4] o grupos de contables. A veces tienen un acuerdo para que si un socio muere o se retira no hay que disolver la asociación. Los otros socios compran el interés del socio que se retira o heredan[5] la parte del socio muerto.

Sociedades anónimas / Corporaciones

El tercer tipo de organización comercial, y el que representa casi el 78% de las ganancias comerciales y sólo el 20% del número total de empresas, es la corporación o sociedad anónima. Estas clases de personas jurídicas pueden, igual que las personas físicas, comprar, vender y transferir propiedades; contratar, demandar y ser demandadas en las cortes. La sociedad anónima o corporación tiene cinco características. Es una persona jurídica. Tiene una vida ilimitada. Tiene derecho legal a participar en cierta rama comercial. La corporación es propiedad de sus accionistas y los accionistas son responsables por deudas sólo hasta el valor de sus acciones.

Corporación privada Además de las grandes corporaciones públicas cuyos dueños son miles o cientos de miles de accionistas, también hay corporaciones privadas que no venden sus acciones en el Mercado de Valores. Una corporación con menos de 500 accionistas o con menos de $1.000.000,00 en activos no tiene que rendir cuentas al público si no participa en el mercado de valores. La compañía Hallmark, los Hoteles Hyatt y la United Parcel Service *(UPS)* son corporaciones privadas.

Corporación «sin fines de lucro» Algunas corporaciones son de «fines no lucrativos». Estas corporaciones no tienen la maximización de valor como su meta principal. Sus metas no son económicas sino sociales o artísticas. El sistema de radio y teledifusión público, la *PBS,* es un ejemplo en los EE.UU.

Corporación subsidiaria Algunas corporaciones no son entidades independientes; son corporaciones subsidiarias. Sus acciones pertenecen a otra

---

[4]*lawyers' offices*   [5]*they inherit*

corporación que controla las operaciones de la compañía subsidiaria. Otro tipo de corporación es el «holding» o compañía tenedora. Los holding ejercen poco o ningún control sobre las corporaciones subsidiarias, sólo tienen las acciones como inversión.

La corporación o sociedad anónima tiene las siguientes ventajas. Tiene el pasivo limitado. Lo único que pueden perder los accionistas es el valor de sus acciones. Tiene la liquidez. Las inversiones en corporaciones públicas pueden convertirse en efectivo en los mercados de valores. Una corporación tiene vida ilimitada. Las desventajas de una corporación son éstas. Debe satisfacer el requisito legal de rendir cuentas al público. Este requisito a veces presiona a los directores a mostrar ganancias a corto plazo que pueden tener un impacto negativo a largo plazo. Una corporación debe pagar el costo de incorporación. Los costos legales y el «papeleo» que se requiere para incorporar y emitir acciones resulta caro. La corporación debe pagar también tasas altas de impuestos o tributos. Las tasas de contribuciones para corporaciones son más altas que para individuos o asociaciones.

Los accionistas son los dueños de las corporaciones pero no son todos iguales. Algunas acciones conllevan[6] el derecho al voto, otras no. Mientras más acciones con derecho al voto tiene el inversionista, más poder tiene. El accionista con pocas acciones en una gigantesca empresa como la Exxon tiene poquísimo poder. Los inversionistas institucionales, como los fondos de pensiones, las compañías de seguros y los fondos mutualistas, ejercen mucho poder. Hoy representan hasta el 25% del valor de las acciones y para el año 2000 se predice hasta el 50%.

Una vez al año las corporaciones invitan a sus accionistas a una reunión donde eligen directores y seleccionan un contable independiente para la auditoría de los estados financieros de la empresa. Los accionistas que no pueden asistir a la reunión pueden votar por medio de un apoderado. El apoderado es uno a quien se le da el derecho de usar su voto.

---

[6]*assume, bear*

ESTUDIO DE PALABRAS

Ejercicio 1   Study the following cognates that appear in this chapter.

la corporación	jurídico	establecer
la fundación	físico	disolver
el domicilio	individual	transferir
la serie	legal	contratar
la formalidad	personal	participar
la propiedad	limitado	controlar
la entidad	público	requerir
el impacto	independiente	
el costo	subsidiario	
	ilimitado	
	negativo	

Ejercicio 2   Match the verb in Column A with its noun form in Column B.

	A		B
1.	fundar	a.	el establecimiento
2.	establecer	b.	el contrato
3.	transferir	c.	la transferencia
4.	contratar	d.	el control
5.	participar	e.	la fundación
6.	controlar	f.	la participación
7.	requerir	g.	la disolución
8.	disolver	h.	el requisito

Ejercicio 3   Give the word being defined.
1. de un individuo o una persona
2. lugar de residencia
3. lo que cuesta
4. ordenar, mandar, necesitar
5. tomar parte en

Ejercicio 4   Match the word in Column A with its opposite in Column B.

	A		B
1.	limitado	a.	establecer
2.	público	b.	independiente
3.	legal	c.	positivo
4.	negativo	d.	ilimitado
5.	disolver	e.	ilegal
6.	dependiente	f.	privado

Ejercicio 5   Match the English word or expression in Column A with its Spanish equivalent in Column B.

	A		B
1.	business world	a.	sin fines de lucro (no lucrativos)
2.	earnings	b.	el Mercado (la Bolsa) de Valores
3.	taxes	c.	demandar
4.	assets	d.	los impuestos
5.	liabilities	e.	rendir cuentas
6.	corporation	f.	el mundo de los negocios
7.	partnership	g.	el apoderado
8.	partner	h.	los activos
9.	holding company	i.	el contable
10.	subsidiary	j.	la sociedad anónima
11.	nonprofit	k.	el subsidiario
12.	income	l.	el socio
13.	accountant	m.	las ganancias

14. to file a suit   n. el accionista
15. court   o. las cortes
16. proxy   p. los pasivos
17. shareholder   q. el ingreso
18. Stock Market   r. la asociación
19. to render accounts   s. el papeleo
20. paperwork   t. la compañía tenedora, el holding
21. audit   u. la auditoría

Ejercicio 6   Select the appropriate word(s) to complete each statement.
  1. Los accionistas venden y compran acciones en _____.
     a. la asociación   b. el Mercado de Valores   c. las cortes
  2. _____ es una compañía que tiene muchos dueños.
     a. Una sociedad anónima   b. Un negocio   c. Una asociación
  3. El individuo tiene que pagar impuestos sobre _____.
     a. sus acciones   b. sus ingresos   c. su contable
  4. _____ son el capital y los bienes que tiene una empresa o un
     individuo.
     a. Los activos   b. Las acciones   c. Las ganancias
  5. Y las deudas que tiene son _____.
     a. activos   b. pasivos   c. asociaciones
  6. Una empresa tiene que pagar impuestos sobre sus _____.
     a. accionistas   b. ganancias   c. activos
  7. Una asociación tiene dos o más _____.
     a. socios   b. accionistas   c. contables
  8. Una organización caritativa *(charitable)* es una empresa _____.
     a. individual   b. anónima   c. sin fines de lucro
  9. Una sociedad anónima puede demandar en _____.
     a. el mercado   b. las cortes   c. la empresa
 10. El gobierno recauda _____.
     a. el ingreso   b. las ganancias   c. los impuestos

Ejercicio 7   Match the word or expression in Column A with its definition in
Column B.

A	B
1. la escritura	a. sin beneficios
2. el apoderado	b. establecer
3. sin fines de lucro	c. dividir
4. la rama	d. el documento, el contrato
5. repartir	e. el que tiene el poder para representar a otro
6. fundar	f. la parte, la división

COMPRENSION _____

Ejercicio 1   True or false?

1. Una persona jurídica es un individuo que tiene nombre y domicilio.
2. Un negocio de propiedad individual es un negocio cuyo dueño o propietario es una sola persona física.
3. El dueño de un negocio de propiedad individual puede emitir bonos y vender acciones.
4. Un negocio de propiedad individual tiene que pagar impuestos sobre sus ingresos.
5. Una asociación limitada puede tener dos clases de socios.
6. El socio general de una asociación limitada sólo tiene la responsabilidad para las deudas hasta el máximo de su inversión en la sociedad.
7. Una corporación cuyos accionistas son exclusivamente inversionistas que no ejercen ningún control sobre la operación de la compañía es una compañía tenedora.
8. Lo único que pueden perder los accionistas de una corporación es el valor de sus acciones.
9. Un accionista con pocas acciones en una gran empresa puede tener mucho poder en la operación de la empresa.

Ejercicio 2   Give the word being defined.

1. una empresa cuyos dueños son miles de accionistas
2. una persona—hombre o mujer—con nombre y domicilio
3. un negocio que tiene dos o más socios
4. una corporación pequeña que no tiene que rendir cuentas al público
5. una corporación que no tiene como meta la maximización del valor
6. una corporación cuyas acciones pertenecen a otra corporación que controla sus operaciones

Ejercicio 3   Answer.

1. ¿Qué puede ser una persona jurídica?
2. ¿Cuál es la mayor desventaja que tiene el dueño de un negocio de propiedad individual?
3. ¿Entre quiénes se reparten las ganancias de una asociación?
4. ¿De qué se responsabiliza cada socio de una asociación general?
5. ¿Cuáles son algunas ventajas de una asociación?
6. ¿Cuántas veces al año tienen las corporaciones una reunión de sus accionistas?
7. ¿Qué hacen los accionistas durante esta reunión?

Capítulo 13
IMPUESTOS

Para llevar a cabo las actividades del sector público—la educación, la defensa nacional, el Seguro Social, las carreteras, etc.,—el Estado requiere fondos. El Estado recauda fondos principalmente por impuestos. En los EE.UU. los gobiernos federal, estatales y municipales dependen de impuestos. Los impuestos sobre rentas personales son la mayor fuente de dinero para el gobierno federal. Los impuestos sobre ventas y rentas personales son la mayor fuente para los Estados, y los impuestos sobre bienes raíces son la fuente más importante para los gobiernos municipales o locales.

Impuestos corporativos

Una fuente importante tanto para el gobierno federal como para los gobiernos estatales son los impuestos sobre ingresos corporativos. Estos representan casi el 10% de los ingresos federales y casi el 5% de ingreso estatal. El ingreso gravable de una corporación es el ingreso sobre el cual hay que pagar impuesto. Este ingreso es de dos tipos: ingreso por venta de activos de capital e ingreso ordinario. La ganancia o pérdida por venta de activos de capital es la diferencia entre el costo original de un activo financiero y el precio de venta. Si el precio de venta es superior, hay una ganancia de capital. Si es inferior al costo original, hay una pérdida de capital.

Depreciación y deducciones La depreciación económica es la disminución del valor de mercado de un activo en un período de tiempo, un año, por ejemplo. La depreciación tiene un impacto en los impuestos. La maquinaria, el equipo, hasta los edificios[1] pierden su valor o llegan a ser obsoletos y hay que reemplazarlos.

Las empresas pueden deducir de la totalidad de sus ingresos los costos de materiales, mano de obra y otros gastos cuando pagan los impuestos. Pero si una empresa compra una máquina por $50.000, no puede deducir esta cantidad el año en que se compra sino a plazos[2] a través de varios años. Recientemente el gobierno federal introdujo el término «recuperación de costo» como sustituto para «depreciación». Los años de vida de algunos activos, según el gobierno, son:

---

[1]*buildings* [2]*in installments*

automóviles y camionetas[3]	4-5 años
equipo tecnológico	
muebles[4] de oficina }	10-16 años
equipo agrícola[5]	
casas y edificios de apartamentos	27,5 años
propiedades no residenciales	31,5 años

Ingreso ordinario y ganancia de capital Si la depreciación acumulada de un equipo que costó $50.000 hace 3 años es de $20.000, el valor hoy es de $30.000. Si ese equipo ahora se vende por $40.000, toda la ganancia—la diferencia entre el valor actual ($30.000) y el precio de venta ($40.000)—es ingreso ordinario ($10.000). Si el mismo equipo se vendiera por más de su costo original de $50.000, $60.000 supongamos, entonces la diferencia entre el valor actual ($30.000) y el costo original ($50.000) es ingreso ordinario de $20.000. La diferencia entre el costo original de $50.000 y el precio de venta de $60.000 es ganancia de capital de $10.000. La importancia que tienen estas diferencias entre ingreso ordinario y ganancia de capital es la diferencia entre las tasas de impuestos. El ingreso ordinario se grava a una tasa de 39% y la ganancia de capital a un 34% para cierta categoría de empresa (empresas con ingresos gravables entre $100.000 y $335.000).

Pérdida ordinaria y pérdida de capital En el caso de que se vendiera un activo depreciable por menos de su valor actual, la diferencia entre el valor actual y el precio de venta se considera pérdida ordinaria y se deduce de los ingresos ordinarios gravables.

Dividendos Los accionistas tienen que pagar impuestos sobre los dividendos que reciben. Los dividendos se gravan con las mismas tasas que las ganancias de capital. Los impuestos sobre dividendos se pagan el año en que se reciben. Los impuestos sobre ganancias de capital se pagan sólo cuando se venden las acciones.

Ingreso gravable corporativo

Las corporaciones pagan intereses a los portadores de sus bonos y a los bancos y otras instituciones donde han hecho préstamos. Estos intereses son deducibles del ingreso ordinario. No son deducibles los dividendos que se pagan a los accionistas aunque los accionistas tienen que pagar impuestos sobre los dividendos recibidos. Esto afecta como deciden levantar[6] capital las empresas. Las empresas retienen[7] parte de los sueldos de los empleados para el pago de los impuestos al ingreso personal. Pero las empresas también tienen que pagar los impuestos corporativos por adelantado[8]. Esto se hace con el pago de impuestos en abonos. La empresa calcula su ingreso gravable para el año y paga al gobierno una cuarta parte los días 15 de abril, junio, septiembre y diciembre. La empresa debe pagar la misma cantidad que el año anterior. Si hay una diferencia entre los dos años, se paga la diferencia el 15 de marzo del siguiente año. Si la empresa no paga los impuestos en abonos, se expone[9] a multas.

---

[3]*vans* [4]*furniture* [5]*farm equipment* [6]*to raise* [7]*retain* [8]*in advance*
[9]*it risks, is subject to*

Porque las condiciones financieras de una empresa pueden variar grandemente de un año a otro, el gobierno permite que se proactiven[10] las pérdidas netas durante un período de 18 años. Así, si en un año se pierde $1.000, y al año siguiente la utilidad o ganancia es de $1.000, la utilidad queda en cero y no hay que pagar impuesto. Cada año se calcula el promedio[11] de utilidad y sobre ese promedio se paga el impuesto.

Ingreso personal gravable

En los EE.UU. cada residente tiene que pagar al gobierno federal un impuesto al ingreso personal. El ingreso personal no se limita a los sueldos o salarios. Incluye también las propinas[12] (muy importantes en el caso de los camareros, taxistas, etc.), el ingreso que se recibe en forma de intereses (cuentas de ahorro, bonos, certificados de depósito, etc.), rentas, regalías (dinero que se recibe como regalo) y pensiones por divorcio[13]. Todo se suma al ingreso bruto para luego calcular el pasivo fiscal del ingreso del individuo.

Ingreso bruto ajustado Después de calcular el ingreso bruto se aplican unos ajustes. Estos ajustes reducen el total del ingreso bruto e incluyen los siguientes: gastos de mudanza[14] (si el contribuyente tuvo que mudarse en conexión con su trabajo), gastos de los empleados del negocio, contribuciones a pensiones por divorcio y contribuciones a una cuenta individual de retiro. Se suman los ajustes y se resta esta suma del ingreso bruto, lo cual nos da el ingreso bruto ajustado.

Del ingreso bruto ajustado se restan las exenciones personales y las deducciones. La exención personal en los EE.UU. es de $1.000 para el contribuyente y $1.000 para cada persona dependiente. Si el contribuyente es ciego[15] o si tiene más de 65 años de edad, el gobierno le concede[16] una exención adicional de $1.000. Las deducciones pueden ser pormenorizadas o se puede tomar una deducción fija o estándar. Entre las deducciones pormenorizadas figuran los intereses pagados por hipoteca[17], contribuciones caritativas y otras.

Ingreso gravable Lo que queda después de las exenciones y deducciones al ingreso bruto ajustado es el ingreso gravable sobre el cual se calcula la contribución a pagar. La tasa de impuesto sube según el ingreso gravable del contribuyente.

LA TASA DE IMPUESTO
PARA MATRIMONIOS[18]

El ingreso gravable	La tasa de impuesto
$0-$29.750	15%
$29.751-$71.900	28%
$71.901-$149.250	33%
más de $149.250	28%

---

[10]*prorate*   [11]*average*   [12]*tips*   [13]*alimony payments*   [14]*moving expenses*   [15]*blind*
[16]*allows*   [17]*mortgage*   [18]*married couples*

ESTUDIO DE PALABRAS

Ejercicio 1   Study the following cognates that appear in this chapter.

la educación	federal	reemplazar
la defensa nacional	municipal	deducir
el capital	obsoleto	acumular
la depreciación	acumulado	
la disminución	deducible	
la totalidad	estándar	
el material	fijo	
el dividendo		
la exención		
el dependiente		

Ejercicio 2   Match the word or expression in Column A with a related term in Column B.

A	B
1. las escuelas	a. municipal
2. las fuerzas aéreas, la marina, el ejército	b. deducir
	c. el material
3. de la ciudad o del municipio	d. el dividendo
4. una disminución en el valor	e. la educación
5. restar	f. la depreciación
6. no utilizable por su edad o antigüedad	g. la defensa nacional
	h. obsoleto
7. lo que se necesita para hacer algo	i. deducible
8. lo que pagan las acciones y otras clases de inversiones	j. el capital
9. la totalidad de los recursos y bienes que tiene un individuo o una empresa	
10. lo que se puede deducir	

Ejercicio 3   Match the English word or expression in Column A with its Spanish equivalent in Column B.

A	B
1. Social Security	a. estatal
2. to collect	b. el ingreso gravable
3. taxes	c. el abono
4. state	d. los impuestos
5. personal income	e. los bienes raíces
6. gross income	f. la renta (el ingreso) personal
7. adjusted gross income	g. gravarse

8. taxable income
9. taxpayer
10. to itemize
11. ordinary income
12. capital gain
13. sales
14. real estate
15. installment (payment)
16. fine
17. to add up
18. to be taxed, liable
19. sales tax
20. profit

h. el Seguro Social
i. pormenorizar
j. las ventas
k. el ingreso bruto
l. la multa
m. el contribuyente
n. recaudar
o. sumar
p. el ingreso ordinario
q. el ingreso bruto ajustado
r. el impuesto sobre ventas
s. la ganancia de capital
t. la utilidad

NOTE The following words have several meanings in English. Although this can be confusing at times, you can usually determine the meaning of the word by its use in the sentence.

income   la renta, las rentas, el ingreso, los ingresos
earnings   las rentas, los ingresos, las ganancias
profit   el beneficio, los beneficios, la utilidad, la ganancia, las ganancias, el lucro

Ejercicio 4   Complete each statement with the appropriate word(s).
1. _____ paga una pensión a los mayores de 62 años.
2. El gobierno _____ los impuestos.
3. Los individuos y las empresas tienen que pagar _____ al gobierno.
4. En los Estados Unidos hay impuestos federales, _____ y

_____.
5. El que paga impuestos es _____.
6. Si uno no quiere tomar una deducción fija, se pueden _____ las deducciones.
7. El ingreso bruto ajustado de un individuo es el ingreso _____.
8. La ciudad de Nueva York tiene impuestos sobre _____ del 8,25%.
9. Los gobiernos locales reciben la mayoría de sus fondos por los impuestos sobre _____.
10. Si uno paga sus impuestos trimestralmente, los paga en _____.

Ejercicio 5   Complete each expression with the appropriate word(s).
1. to itemize deductions   _____ las deducciones
2. to subtract exemptions   restar _____
3. to pay in installments   pagar _____
4. real estate is taxed   se gravan _____
5. taxable capital gains   las ganancias de capital _____

COMPRENSION

Ejercicio 1   True or false?

1. La mayor fuente de los fondos para el gobierno federal son impuestos sobre ingresos personales.
2. La mayor fuente de los fondos para el gobierno estatal son impuestos sobre bienes raíces.
3. Las empresas pueden deducir de sus ingresos los costos de materiales, la mano de obra y otros gastos relacionados con la producción de un bien o servicio.
4. Las empresas pueden deducir el costo total de una máquina el año en que la compran.
5. Los dividendos que reciben los accionistas son libres de impuestos.
6. Los intereses que paga una corporación a los portadores de sus títulos (bonos) son deducibles de los ingresos de la corporación.
7. Y los dividendos que pagan a sus accionistas son deducibles también.
8. Las empresas tienen que pagar sus impuestos corporativos por adelantado.

Ejercicio 2   Answer.

1. ¿Por qué requiere fondos el Estado (gobierno)?
2. ¿Cómo recauda los fondos el gobierno?
3. ¿Qué representa el 10% de los impuestos federales?
4. ¿Qué es la depreciación?
5. ¿Por qué es importante la diferencia entre ingreso ordinario y ganancia de capital?
6. ¿Qué pagan las corporaciones a los portadores (tenedores) de sus bonos?
7. ¿Por qué retienen parte de los sueldos de los empleados las empresas?
8. ¿Cómo paga sus impuestos una empresa?
9. ¿Por qué permite el gobierno que una empresa proactive sus pérdidas netas?
10. Explique lo que es el ingreso bruto ajustado.

Ejercicio 3   Give the Spanish equivalent for each of the following terms.

1. federal, state, and local taxes
2. personal income tax
3. real estate tax
4. sales tax
5. corporate tax
6. capital gains tax

Ejercicio 4   Follow the directions.

1. Make a list of taxable items.
2. Make a list of deductible items.

Capítulo 14
VALOR DEL DINERO
A TRAVES DEL TIEMPO

Un dólar, es un dólar, es un dólar. Pues, no. El dólar de hoy, si lo deja en una cuenta de ahorros es más o menos $1,08 en un año. El dinero tiene un valor temporal, cambia con el tiempo. Cuando se compra un activo financiero, el beneficio que se compra es un flujo de efectivo futuro, como son los intereses y los dividendos. Los compradores y los vendedores en los mercados de valores determinan el precio de un valor. El precio es el máximo que los compradores están dispuestos[1] a pagar por el flujo de efectivo futuro que ese valor producirá.

Valor presente y valor futuro

Muy importantes son los conceptos de valor presente y valor futuro. El valor presente es el valor del dinero en un momento dado que no se pagará ni se recibirá hasta una fecha en el futuro. El valor futuro es el valor de dinero que se recibió en el pasado en una fecha futura.

Tasas de interés Un ejemplo: Supongamos que para unas vacaciones el año que viene Ud. va a necesitar $1.200. El banco le paga una tasa de interés del 5% anual. ¿Cuánto tiene que depositar en el banco ahora para tener los $1.200 el año que viene?

Si F = valor futuro,
P = valor presente y
i = tasa de interés,
entonces $P = F/1 + i$.
Si P = $1.200/1,05
entonces P = $1.142,86.

El valor presente de $1.200 que se recibirá en un año con tasa de interés del 5% es $1.142,86.

Interés compuesto El cálculo es sencillo porque es para un año. Si es para más de un año y el interés es compuesto, es algo más complicado. La fórmula para

---

[1]*ready, willing*

calcular el interés compuesto es $F = P(1 + 1)^n$, cuando «n» representa el número de períodos de tiempo. Otra vez:

P = valor presente,
F = valor futuro,
i = tasa de interés y
n = número de períodos de tiempo.

El interés compuesto es, sencillamente, el interés pagado sobre los intereses. Otro ejemplo:

Si se invierte $1,00 al 10% compuesto, el valor después de

1 período de tiempo (n)	es $1,10.
2 períodos	es $1,21.
3 períodos	es $1,33.
4 períodos	es $1,46.

Si en lugar de $1,00 se invierte $1.000, los valores son

1 período	$1.100,00.
2 períodos	$1.210,00.
3 períodos	$1.331,00.
4 períodos	$1.464,10.

Con una tasa de interés del 6% al año compuesto, una inversión tendrá el doble de su valor en 12 años. Para calcular el tiempo que se necesita para duplicar[2] la cantidad de la inversión se usa la «regla de 72». Divida la tasa de interés compuesto por 72 y le dará el número de años (aproximadamente) para duplicar la inversión. Ejemplo: al 6%, 72/6(%) = 12 (años).

Anualidades Las anualidades son pagos periódicos de igual cantidad. Las anualidades más comunes son los pagos que hacen los dueños de una casa al banco para la hipoteca. Pagan la misma cantidad cada mes durante 20 o 30 años. En el caso de la hipoteca se calculan los intereses compuestos más los pagos para retirar la deuda. Aunque los pagos son de igual cantidad durante el período total, la proporción que se dedica a los intereses y la proporción al retiro de la deuda varían. La proporción para intereses es cada vez menos y la proporción para retirar la deuda es mayor.

Hay una serie de fórmulas para calcular los valores presente y futuro según las tasas de interés y los períodos de tiempo. Lo importante es saber que las tasas de interés dan al dinero su valor temporal. Es importante saber el valor presente y futuro del dinero cuando se invierte dinero para recibir efectivo en el futuro y cuando se hacen préstamos ahora al costo de menos efectivo en el futuro.

Porque el flujo de efectivo, o «cash flow», es crítico para una empresa, los valores presente y futuro del dinero son críticos también. Si los clientes demoran[3] 6 meses en pagar los mil dólares que deben, la empresa pierde $50,00 porque esos $1.000 invertidos al 10% son $1.050 en 6 meses. Si se calcula bien el valor futuro de sus inversiones, la empresa puede saber el estado futuro de su flujo de efectivo.

---

[2] *to double*   [3] *delay*

ESTUDIO DE PALABRAS

Ejercicio 1   Study the following cognates that appear in this chapter.

el interés	el cálculo	el concepto
el dividendo	el doble	el dólar
el máximo	el período	

Ejercicio 2   Complete each statement with the appropriate word(s).

1. ¡Espere! Tengo que hacer los _____ —$1.000 a una tasa de interés del 10% por 2 años son $1.210.
2. A una tasa de interés del 6% una inversión hecha hoy valdrá el _____ en 12 años.
3. Un _____ de 12 meses es un año.
4. Una cuenta en el banco paga _____ y las acciones en una corporación pagan _____.
5. Es el _____ que pagará. Le aseguro que no está dispuesto a pagar un dólar más.
6. En este momento el _____ canadiense vale un poco menos que el dólar estadounidense.

Ejercicio 3   Match the English word or expression in Column A with its Spanish equivalent in Column B.

A	B
1. time value	a. el flujo de efectivo
2. present value	b. la anualidad
3. future value	c. la inversión
4. cash flow	d. el vendedor
5. interest rate	e. el valor temporal
6. compound interest	f. el retiro de la deuda
7. investment	g. el comprador
8. debt	h. el valor presente
9. loan	i. la tasa de interés
10. deduction from the principal	j. el préstamo
11. annual payment	k. el valor futuro
12. buyer	l. la deuda
13. seller	m. el interés compuesto

Ejercicio 4   Give the word or expression being defined.

1. el que vende
2. el que compra
3. el dinero que alguien debe
4. el dinero que uno pide prestado
5. una acción o un bono (título)
6. el interés pagado sobre intereses

COMPRENSION

Ejercicio 1 Answer.

1. ¿Es verdad que un dólar es un dólar?
2. ¿Por qué no?
3. ¿Quiénes determinan el precio de un valor?
4. ¿Qué es el precio?
5. ¿Por qué tiene el dinero un valor temporal?
6. ¿Qué es el interés compuesto?
7. ¿Qué es la «regla de 72»?
8. ¿Qué es una anualidad?
9. ¿Cuál es una anualidad común?
10. Al tomar una hipoteca, ¿la proporción de la anualidad que se dedica al retiro de la deuda es grande o pequeña?
11. ¿Qué da al dinero su valor temporal?

Ejercicio 2 In your own words, explain each of the following terms.

1. el valor presente del dinero
2. el valor futuro del dinero
3. el interés compuesto

Capítulo 15
TECNICAS DE PRESUPUESTO DEL CAPITAL

Los activos de capital son la maquinaria, las plantas, los medios de transporte, camiones[1], por ejemplo, y cualquier otro equipo que emplean las empresas en la producción de bienes y servicios y que, por lo general, duran[2] y se utilizan durante varios años. En los EE.UU. las empresas invierten unos 300.000 millones de dólares anuales en activos de capital. Porque el gasto que representan los activos de capital es tan enorme, las empresas planifican y evalúan con mucho cuidado los activos de capital que van a adquirir. El plan que se prepara se llama «el presupuesto del capital». El proceso mediante el cual se determinan los activos de capital que se van a adquirir y cuánto se va a pagar por esos activos se llama «la presupuestación de capital».

El presupuesto del capital

Los presupuestos que preparan las empresas son de corto plazo y largo plazo. Muchas empresas preparan presupuestos del capital que proyectan hasta 5 y 10 años en el futuro. Estos presupuestos se basan en los pronósticos de ventas futuras y el equipo y la planta necesaria para satisfacer esa demanda. En el presupuesto del capital aparecen ítemes que proponen los gerentes o directores de departamentos o divisiones. Estas propuestas, con la documentación que las apoya, se le presenta a la alta administración para su consideración. También la alta administración propone ítemes para el presupuesto del capital. El proceso presupuestario, cuando se trata de nuevos proyectos, incluye mucha discusión entre los altos funcionarios u oficiales de la corporación y los gerentes y directores de los departamentos o divisiones que tendrán responsabilidad por los nuevos proyectos. Los altos funcionarios estudian todas las propuestas que se les somete y escogen las que consideran las mejores. Entonces se prepara el presupuesto del capital que se entrega[3] a la junta de directores para que ellos lo aprueben.

Presupuestación de capital

Los sistemas de presupuestación de capital donde las propuestas vienen de la alta administración se llaman sistemas de «top-down» o de «arriba para abajo». Los sistemas donde las propuestas originan a nivel de departamento se llaman

---

[1]*trucks* [2]*last* [3]*is given*

sistemas de «bottom-up» o de «abajo para arriba». Se debe notar que muchas empresas no requieren propuestas a la alta administración cuando se trata de gastos inferiores a cierto límite para activos de capital, $50.000 por ejemplo. El proceso de presupuestación de capital requiere constante revisión porque las condiciones económicas cambian constantemente. La información que recibe la empresa sobre nueva tecnología, cambios en la demanda de su producto y los costos de producción resultan en cambios en los planes para inversiones y, por consiguiente, en los presupuestos de capital a largo y corto plazo.

Criterios usados para evaluar una inversión

¿Cómo se decide entre varias propuestas? ¿Cuáles son los criterios que se usan?

Analizar el flujo de efectivo Los costos y beneficios de un proyecto se miden[4] con el flujo de efectivo. El flujo de efectivo es el dinero que paga o recibe la empresa como resultado del proyecto. Dado que el flujo de efectivo de un proyecto es el cambio en el total del flujo de efectivo para una empresa que se atribuye[5] a esa inversión, un método para calcular el flujo de efectivo de una inversión es comparar el flujo de efectivo de la empresa con o sin esa inversión. La diferencia entre los dos es el flujo de efectivo adicional que resulta de la inversión.

Hay tres pasos a seguir para determinar y analizar el flujo de efectivo de una inversión. Hay que determinar el cambio en el flujo de efectivo de la empresa que resulta del nuevo activo. Hay que mostrar la cantidad del flujo de efectivo y cuando ocurre. Hay que analizar también el flujo de efectivo según el valor presente neto o la tasa interna de rendimiento.

El valor presente del flujo de efectivo es lo que vale en dólares hoy. Se emplea el principio de descuento de dólares futuros tomando en cuenta la tasa de interés apropiada. Esta tasa de interés (o descuento) es el costo de capital.

La regla[6] de valor presente dicta que se haga una inversión sólo si el valor presente del flujo de efectivo futuro es mayor que el costo de la inversión. Es decir, que tiene un valor presente neto.

el valor presente neto (VPN)	=	el valor presente del flujo de efectivo futuro (el costo inicial)

Cuando hay que elegir entre dos alternativas, la regla del valor presente neto indica que la alternativa con mayor VPN es preferible y se acepta sólo y cuando su VPN es positivo.

También se puede analizar el flujo de efectivo con la tasa interna de rendimiento. La tasa de rendimiento se define como la tasa de interés que es igual al valor presente de los flujos de efectivo esperados en el futuro, o ingresos, con el desembolso inicial del costo.

---

[4]*are measured*   [5]*commits itself*   [6]*rule*

Determinar el período de recuperación Para elegir entre proyectos, otro método que se usa es el del período de recuperación. El período de recuperación es el número de años necesarios para recuperar el capital que se invirtió en el proyecto inicialmente. Este método presenta varias desventajas. Por ejemplo, no considera todos los flujos de efectivo y no los descuenta. Pero el método es fácil de usar.

Calcular el rendimiento sobre la inversión *(ROI)* o los activos *(ROA)* Otra técnica es la de rendimiento sobre la inversión o rendimiento sobre los activos. Para calcularlo se promedian los flujos de efectivo que se esperan a lo largo de la vida de un proyecto, y después se divide el flujo anual de efectivo promedio entre el costo inicial de la inversión. Una desventaja de este método es que no considera el valor del dinero a través del tiempo.

Riesgo

En una economía dinámica siempre existe la incertidumbre[7] sobre el futuro. Por eso los empresarios tienen que aceptar el riesgo. Las ganancias o los beneficios son, en cierto modo, el pago por asumir el riesgo. Contra algunos riesgos se puede asegurar: incendios[8], inundaciones[9], accidentes, etc. Son los otros riesgos que se deben asumir, los que resultan de los cambios incontrolables e inesperados en la oferta y la demanda, contra los que no hay seguros. Muchos riesgos acompañan los cambios en el ciclo económico o comercial. La prosperidad trae beneficios a las empresas y la depresión resulta en grandes pérdidas. Pero también, hasta en épocas prósperas, ocurren cambios en la disponibilidad de recursos, cambios en los gustos de los consumidores, cambios en la política fiscal, que afectan a las empresas. Los beneficios y las pérdidas se relacionan con los riesgos que resultan de los cambios cíclicos y estructurales en la economía.

---

[7]*uncertainty*   [8]*fires*   [9]*floods*

ESTUDIO DE PALABRAS

Ejercicio 1   Study the following cognates that appear in this chapter.

las plantas	«top-down»	planificar
el proceso	«bottom-up»	evaluar
la proyección	la revisión	proyectar
la demanda	el criterio	determinar
el ítem	la alternativa	analizar
el director	la prosperidad	definir
el departamento		calcular
la división	constante	
la documentación	incontrolable	
el proyecto		

Ejercicio 2 Match the verb in Column A with its noun form in Column B.

A	B
1. evaluar	a. la planificación
2. planificar	b. el análisis
3. dividir	c. la proyección
4. revisar	d. la división
5. analizar	e. la evaluación
6. calcular	f. el cálculo
7. documentar	g. la revisión
8. proyectar	h. la documentación

Ejercicio 3 Match the English word in Column A with its Spanish equivalent in Column B.

A	B
1. to project	a. la proyección
2. projection	b. proyectar
3. project	c. el proyecto

Ejercicio 4 Give the word being defined.
1. estudiar detalladamente
2. calificar
3. de siempre, contínuo
4. hacer o tomar una resolución
5. una parte de una empresa
6. la opción
7. el gerente
8. hacer planes
9. hacer un análisis de algo
10. la regla, la razón

Ejercicio 5 Match the English word or expression in Column A with its Spanish equivalent in Column B.

A	B
1. capital assets	a. el flujo de efectivo
2. capital budget	b. el período de recuperación
3. capital budgeting	c. la tasa de interés
4. budgetary process	d. el rendimiento sobre los activos
5. cash flow	e. la tasa interna de rendimiento
6. present net value	f. los activos de capital
7. interest rate	g. los ingresos
8. discount	h. la presupuestación de capital

9. internal rate of return	i. el valor de salvamento
10. cost of capital	j. el proceso presupuestario
11. initial outlay	k. el rendimiento sobre la inversión
12. payback period	l. el valor del dinero a través del tiempo
13. breakeven point	m. el presupuesto del capital
14. income	n. el costo de capital
15. return on investment	o. el valor presente neto
16. return on assets	p. el punto de equilibrio
17. time value of money	q. el descuento
18. salvage value	r. el desembolso inicial

Ejercicio 6   Select the appropriate word(s) to complete each statement.
1. La maquinaria, las plantas y los medios de transporte que tiene una empresa son _____.
   a. los gastos   b. los activos de capital   c. las inversiones
2. El plazo de tiempo que toma para recuperar los gastos de producción de un bien es el _____.
   a. valor presente neto   b. rendimiento sobre la inversión
   c. período de recuperación
3. El plan que se prepara para planificar y evaluar los activos de capital de la empresa es el _____.
   a. descuento   b. presupuesto del capital   c. costo de capital
4. El dinero que recibe la empresa son los _____.
   a. ingresos   b. gastos   c. valores
5. La salida y el ingreso de dinero es el _____.
   a. desembolso inicial   b. valor de salvamento   c. flujo de efectivo
6. Lo que vale, por ejemplo, una máquina después de usarla por un período específico de tiempo, es _____.
   a. el valor de salvamento   b. la presupuestación   c. el rendimiento
7. Los gastos inmediatos por la producción de un bien es (son) _____.
   a. los ingresos   b. el costo   c. el desembolso inicial
8. Lo que beneficia la empresa de una inversión en la producción de un bien es _____.
   a. la tasa de interés   b. el rendimiento sobre los activos
   c. el rendimiento sobre la inversión
9. El número de unidades que la empresa tiene que vender de un producto para recuperar la inversión es el _____.
   a. desembolso inicial   b. período de recuperación
   c. punto de equilibrio

Ejercicio 7   Give the Spanish equivalent for each of the following words.
1. budget
2. budgeting
3. budgetary
4. return
5. value
6. outlay
7. cost
8. rate
9. flow
10. discount

Ejercicio 8   Match the English word or expression in Column A with its Spanish equivalent in Column B.

A	B
1. machinery	a. los costos y beneficios
2. equipment	b. lo largo de la vida del proyecto
3. sale	c. el equipo
4. production cost	d. la política fiscal
5. cost and profit	e. la venta
6. availability	f. la maquinaria
7. life of the project	g. la disponibilidad
8. fiscal policy	h. el costo de producción

Ejercicio 9   Complete each statement with the appropriate word(s).
1. Lo que cuesta producir algo es _____.
2. La manera en que se usa el dinero, etc., es _____.
3. La acción de vender es _____.
4. El balance tiene mucho que ver con _____.
5. La _____ de efectivo significa que hay dinero que se puede gastar ahora.

Ejercicio 10   Match the English word in Column A with its Spanish equivalent in Column B.

A	B
1. to obtain	a. asumir
2. to propose	b. el pronóstico
3. to forecast	c. adquirir
4. to support	d. la propuesta
5. to submit	e. pronosticar
6. to average	f. proponer
7. to assume	g. apoyar
8. forecast	h. el riesgo
9. proposal	i. someter
10. risk	j. promediar

Ejercicio 11 Complete each expression with the appropriate word(s).

1. to forecast sales   _____ las ventas
2. to assume risk   _____ el riesgo
3. to propose a budget   _____ un presupuesto
4. to support the plan   _____ el plan
5. to average the cost   _____ el costo
6. to obtain the cash   _____ el efectivo

Ejercicio 12 Give the word being defined.

1. soportar
2. obtener
3. la conjetura acerca de una cosa futura
4. predecir el futuro
5. presentar una idea o un plan
6. la proposición
7. establecer un término medio

COMPRENSION

Ejercicio 1 True or false?

1. Las empresas no invierten grandes cantidades de dinero en activos de capital.
2. El presupuesto del capital es siempre de corto plazo.
3. Sólo los altos funcionarios de una empresa preparan el presupuesto del capital.
4. Antes de tomar una decisión sobre la inversión en la producción de un bien, una empresa comparará el flujo de efectivo con y sin la inversión.
5. Se debe hacer una inversión sólo si el valor presente del flujo de efectivo futuro es mayor que el costo de la inversión.

Ejercicio 2 Answer.

1. ¿Qué son los activos de capital?
2. ¿En qué se basan los presupuestos del capital a largo plazo que se proyectan hasta 5 o 10 años en el futuro?
3. ¿Quiénes proponen los ítemes que aparecen en el presupuesto del capital?
4. ¿Por qué requiere constante revisión el proceso de presupuestación de capital?
5. ¿Qué es el valor presente del flujo de efectivo?
6. ¿Por qué tienen que aceptar los empresarios un factor de riesgo en cualquier inversión que se haga?
7. En cierta manera, ¿cuál es el pago por el riesgo que se toma?

Ejercicio 3   Complete each statement with the appropriate word(s).

1. El plan que la empresa prepara para indicar las inversiones en activos de capital que se harán es _____.

2. El proceso mediante el cual se determinan los activos de capital que se van a adquirir y lo que se va a pagar por su adquisición es _____.

3. _____ tiene que aprobar el presupuesto del capital.

4. _____ es el dinero que paga o recibe la empresa como resultado de un proyecto.

5. _____ es el número de años necesarios para recuperar el capital inicial que se invirtió en un proyecto.

6. _____ se relacionan con los riesgos que resultan de los cambios en la economía.

Ejercicio 4   In your own words, explain each of the following terms.

1. el sistema de presupuestación «bottom-up»
2. el sistema de presupuestación «top-down»
3. el costo de capital
4. VPN
5. *ROI*

Capítulo 16
ANALISIS DE RAZONES FINANCIERAS

Estados financieros

Una empresa bien dirigida se aprovecha de[1] toda la información necesaria. Los estados financieros son críticos para saber, en cualquier momento, la condición financiera de la empresa. Sin esta información, la planificación efectiva es imposible. El documento básico es el balance general.

Balance general/Hoja de balance El formato del balance general es el siguiente. Primero se muestran los activos por orden de liquidez creciente[2]. Los que están más arriba[3] en el balance son los que se convierten en efectivo más rápidamente, en menos de un año. Estos se llaman «activos circulantes» o «activos corrientes». Los activos que no se esperan convertir en menos de un año son «activos fijos»: planta y equipo. Estos aparecen más abajo[4] en el estado financiero.

Los derechos sobre activos se presentan de la misma manera. Arriba están los derechos que vencerán y que tendrán que pagarse pronto, dentro de un año, y se llaman «pasivos circulantes». Más abajo están las utilidades retenidas, como las acciones o el capital común y las utilidades retenidas.

MUNDIMAR S.A.
Hoja de balance
31 de diciembre, 1992

Activos

Efectivo		$ 52.000
Valores negociables		$ 175.000
Cuentas por cobrar		$ 250.000
Inventarios		$ 355.000
Total activos circulantes		$ 832.000
Planta y equipo, bruto	$1.610.000	
Menos depreciación	$ 400.000	
Planta y equipo, neto		$1.210.000
Total activos		$2.042.000

---

[1]*takes advantage of* [2]*increasing* [3]*above* [4]*below*

Derechos sobre los activos

Cuentas por pagar	$	87.000
Documentos por pagar (@ 10%)	$	110.000
Pasivos devengados	$	10.000
Provisión para impuestos federales	$	324.300
Documentos por pagar @ 12%	$	110.000
Total pasivos circulantes	$	342.000
Bonos de primera hipoteca @ 8%	$	520.000
Bonos a largo plazo @ 10%	$	200.000
Capital común (200.000 acciones)	$600.000	
Utilidades retenidas	$380.000	
Total capital contable	$	980.000
Total derechos sobre los activos		$2.042.000

Estado de resultados El otro documento financiero de suma importancia es el estado de resultados. En la parte de arriba se muestran las ventas. De las ventas se deducen los diferentes costos incluyendo los impuestos para llegar al ingreso neto disponible[5] de los accionistas comunes. El número que aparece en la última línea representa las utilidades por acción, que es el ingreso neto dividido entre el número de acciones en circulación.

Mundimar S.A.
Estado de resultados para 1992

Ventas netas		$4.000.000
Costo de bienes vendidos		$2.555.000
Utilidad bruta	$	445.000
Menos gastos de operación		
Gastos de ventas	$22.000	
Gastos generales y de administración	$40.000	
Pagos de arrendamiento al edificio de la oficina[6]	$28.000	$ 90.000
Ingreso bruto en operación	$	355.000
Depreciación	$	100.000
Ingreso neto en operación	$	255.000
Otros ingresos y gastos excepto intereses	$	15.000
Menos gastos de intereses		
Intereses sobre los documentos por pagar	$10.000	
Interés sobre la primera hipoteca	$40.000	
Interés sobre los bonos a corto plazo	$20.000	$ 70.000
Ingreso neto antes de impuestos	$	200.000
Impuestos federales (@ 40%)	$	80.000
Ingreso neto, después de impuestos disponible para los accionistas comunes	$	120.000
Utilidades por acción (EPS)	$	0,60

[5]*available*   [6]*office building*

Estado de utilidades retenidas   Una empresa puede emplear las utilidades de dos maneras. Puede pagarlas a los accionistas en forma de dividendos o puede invertirlas de nuevo en el negocio[7]. Para el accionista el dividendo es dinero que recibe y puede utilizar. Pero la reinversión de las utilidades por la empresa resulta en un aumento[8] del valor de la posición del accionista dentro de la empresa. El efecto de los dividendos y de las utilidades retenidas sobre el balance general aparece en otro documento, el estado de utilidades retenidas. Aquí se registran el saldo de utilidades retenidas del año anterior más el ingreso neto del año corriente, menos los dividendos para los accionistas y el saldo de utilidades retenidas para el año corriente.

Tipos básicos de razones financieras

La gente que tiene que analizar la condición financiera de una empresa se vale de diferentes razones según su interés. Los acreedores a corto plazo se interesan en la liquidez de la empresa y en su rentabilidad a corto plazo. Los accionistas y poseedores de bonos a largo plazo se interesan en el futuro tanto como el presente.

Razones de liquidez   Estas miden[9] la capacidad que tiene la empresa para satisfacer las obligaciones a corto plazo.

Razones de apalancamiento   Estas miden la capacidad que tiene la empresa para satisfacer obligaciones a corto y a largo plazo, o sea, el total de su deuda.

Razones de actividad   Estas miden la intensidad con la cual la empresa usa sus recursos.

Razones de rentabilidad   Estas miden los rendimientos que se han generado con las rentas y la inversión.

Razones de crecimiento   Estas miden la capacidad de la empresa para mantener su posición económica en el crecimiento de la economía y la industria.

Las razones son una manera rápida y fácil de proveer información crítica sobre las operaciones y las condiciones financieras de una empresa. Los acreedores quieren saber cuál es la capacidad futura de la empresa para pagar su deuda. El gobierno se interesa en las razones para aquellas industrias como los ferrocarriles[10] y las utilidades que el gobierno regula, para determinar su salud económica y para fijar[11] los precios que se les permite cobrar[12]. La administración de la empresa se vale de las razones para ayudar en la toma de decisiones.

---

[7]*business*   [8]*increase*   [9]*measure*   [10]*railroads*   [11]*to set, fix,*   [12]*to charge*

ESTUDIO DE PALABRAS

Ejercicio 1   Study the following cognates that appear in this chapter.

la información	la operación	crítico
el formato	la condición	efectivo
el inventario		total
la depreciación		neto
la intensidad		en circulación

Ejercicio 2   Complete each statement with the appropriate word(s).
1. El balance general y el estado de resultados tienen su propio _____.
2. El balance general les da mucha _____ financiera importante a los directores de la empresa.
3. El balance general indica la _____ económica de la empresa.
4. El _____ es el inventario que queda. Puede ser de bienes o de activos.
5. En los EE.UU. y en otros países también hay muchos dólares en _____.

Ejercicio 3   Match the word in Column A with its equivalent in Column B.

A	B
1. neto	a. muy importante
2. crítico	b. completo
3. efectivo	c. el contrario de «bruto»
4. total	d. que da buenos resultados

Ejercicio 4   Look at the following balance sheet. Give the Spanish equivalent for each entry.

BALANCE SHEET

Assets
   Cash
   Negotiable instruments
   Accounts receivable
   Inventory
     Total current assets
   Plant and equipment
   Less depreciation
   Plant and equipment net
   Total assets
Liabilities
   Accounts payable
   Notes payable
   Accrued expenses
   Federal taxes to be paid
     Total current liabilities
   Mortgage bonds
   Long-term bonds
Equity
Retained earnings
   Total equity
Total liabilities

Ejercicio 5 Look at the following financial statement. Give the Spanish equivalent for each entry.

PROFIT AND LOSS SHEET

Net sales
Cost of goods sold
Gross margin
Operating expenses
   Selling costs
   General and administrative expenses
   Lease payments
Gross operating income
Depreciation
Net operating income
Other revenues and expenses except interest
Less interest expenses
   Interest on debentures
   Interest on mortgage
   Interest on short-term notes
Net income before taxes
Federal income tax
Net income after taxes
Earnings per share

Ejercicio 6 Match the word or expression in Column A with its Spanish equivalent in Column B.

A	B
1. profitability	a. el estado
2. balance	b. la razón
3. ratio	c. las cuentas por pagar
4. current year	d. el ingreso neto
5. leverage	e. los gastos de operación
6. statement	f. la rentabilidad
7. current assets	g. la utilidad (la margen) bruta
8. liquidity	h. las cuentas por cobrar
9. accounts receivable	i. el saldo
10. accounts payable	j. los activos circulantes (corrientes)
11. accrued	k. el estado de resultados
12. net income	l. el rendimiento
13. gross margin	m. el estado financiero
14. operating expenses	n. el año corriente
15. profit and loss statement	o. devengado
16. financial statement	p. el apalancamiento
17. return	q. la liquidez

Ejercicio 7   Give the word or expression being defined.
1. el ingreso bruto menos los gastos
2. este año
3. los activos que tiene la empresa hoy
4. la capacidad de convertir los activos en efectivo
5. lo que ya tiene que pagar la empresa
6. lo que ya va a recibir la empresa
7. lo que cuesta operar la empresa
8. la capacidad de producir beneficios

COMPRENSION

Ejercicio 1   Answer.
1. ¿Para qué sirven los estados financieros?
2. ¿Cuál es el documento básico para saber la condición financiera de la empresa?
3. En el balance general, ¿qué se muestra primero?
4. ¿Qué son los activos circulantes?
5. ¿Cuáles son algunos activos fijos?
6. ¿Qué son los pasivos circulantes?
7. Además del balance general, ¿cuál es otro documento financiero muy importante?
8. ¿Qué se muestra en la parte superior de este documento?
9. ¿Qué se deduce de las ventas?
10. ¿Cómo se calculan las utilidades por acción?
11. ¿Qué indica el estado de utilidades retenidas?
12. ¿Por qué se interesan los acreedores en la liquidez de la empresa y en la rentabilidad a corto plazo?
13. ¿Qué les interesa más a los accionistas?

Ejercicio 2   List some examples of the following.
1. activos circulantes
2. activos fijos
3. pasivos circulantes
4. gastos
5. intereses

Ejercicio 3   Compare the following.
1. las razones de liquidez y las razones de apalancamiento
2. las razones de rentabilidad y las razones de crecimiento

Capítulo 17
PLANIFICACION Y CONTROL FINANCIERO

Proyecciones del costo: presupuestos y pronósticos

La planificación y el control financiero dependen del uso de proyecciones que se basan en ciertas normas. Cada área de la empresa prepara presupuestos y pronósticos. El área de producción incluye en su presupuesto los materiales que se necesitarán, la mano de obra y las instalaciones. Cada subárea, como la de materiales, prepara su propio presupuesto detallado. El área de ventas prepara su presupuesto. El área de comercialización o «marketing» hace lo mismo. Cuando todas las proyecciones del costo están completas, se reúnen en un documento que es el estado de resultados presupuestado o «proforma».

La proyección de ventas del producto da lugar a[1] los pronósticos de las inversiones necesarias para producir el producto. Las proyecciones de inversiones, juntas con el balance general inicial, proveen la información necesaria para llenar[2] el lado del balance general que se dedica a los activos.

Análisis del flujo de efectivo

Se prepara también un presupuesto o análisis de flujo de efectivo en el que se indican los efectos de las operaciones presupuestadas sobre el flujo de efectivo de la empresa. Si el flujo de efectivo neto es positivo, entonces la empresa tiene bastante financiamiento para las operaciones presupuestadas. Si el flujo de efectivo neto es negativo a causa de un incremento en las operaciones, hay que buscar financiamiento adicional.

Análisis del punto de equilibrio

Dos metas de la planificación y control financiero son el de mejorar la rentabilidad y el de evitar que falte efectivo. El análisis del punto de equilibrio, igual que los análisis de razones y de flujo de efectivo, se emplea para analizar datos financieros. El análisis del punto de equilibrio trata la relación entre la rentabilidad y los costos, los precios y el volumen de producción. ¿Cómo varían los ingresos cuando cambia el volumen de ventas (si no cambian los costos y los precios)? ¿Cómo varían los ingresos cuando cambian los costos y precios?

---

[1] *gives rise to*　　[2] *to fill out*

El ingreso neto (después de impuestos) es igual a los ingresos por ventas menos todos los costos, incluso la depreciación, los intereses sobre la deuda, los impuestos, la mano de obra, los materiales, la publicidad y otros gastos.

Costos fijos y costos variables Los costos son fijos o variables. Los fijos son aquéllos que no varían con cambios en el volumen de producción. Los costos de oficina, de planta y equipo, de impuestos sobre bienes raíces y de personal ejecutivo y administrativo normalmente son costos fijos. Los costos variables varían según el nivel de producción. Los materiales de producción, la mano de obra, la electricidad u otra fuente de energía para la maquinaria, el transporte de producto, materiales de oficina que se usan para facturar, comprar y cobrar[3] son, por lo general, costos variables.

Para clasificar los costos como variables o fijos, son útiles estos tres factores: el tamaño del cambio en el volumen de producción, el período de tiempo necesario para cambiar el costo y el período de tiempo que se espera que dure el cambio en el nivel de producción. Si el gasto varía con el nivel de producción, el costo es variable; si no, el costo es fijo. Por ejemplo:

COSTOS DE PLASTICOR S.A.

Costos fijos

Depreciación	100.000 pesos
Mantenimiento[4] de planta	15.000
Salarios ejecutivos	40.000
Arrendamiento[5]	8.000
Gastos[6] de oficina	5.000
Publicidad	5.000
Intereses sobre la deuda	20.000
Total	200.000

Costos variables por unidad producida

Mano de obra fabril	3,00 pesos
Materiales	5,00
Comisiones sobre ventas	2,00
Total	10,00

Los costos fijos de Plasticor son de 200.000 pesos. No importa cuánto producto producen y venden durante el año, estos costos no cambian. Para cada unidad de producto que se produce, Plasticor tiene un costo adicional de 10 pesos, un costo variable. El total del costo variable depende del volumen o nivel de producción.

---

[3]*to collect, charge*   [4]*maintenance*   [5]*rent*   [6]*expenses*

PLASTICOR S.A.
ESTADO DE CONTRIBUCION AL INGRESO A VARIAS CANTIDADES
DE UNIDADES VENDIDAS
(en pesos)

Unidades vendidas	Total costos fijos	Total costos variables	Total costo	Ventas	Ingreso neto
0	200.000	0	200.000	0	(100.000)
10.000	200.000	100.000	300.000	150.000	(75.000)
20.000	200.000	200.000	400.000	300.000	(50.000)
30.000	200.000	300.000	500.000	450.000	(25.000)
40.000†	200.000	400.000	600.000	600.000	0
50.000	200.000	500.000	700.000	750.000	25.000
60.000	200.000	600.000	800.000	900.000	50.000
70.000	200.000	700.000	900.000	1.050.000	75.000

† punto de equilibrio = 40.000 unidades

El análisis del punto de equilibrio es útil para examinar el efecto que tienen los cambios en las ventas sobre el ingreso. Los administradores, cuando consideran un nuevo proyecto, quieren saber lo que ocurriría si las ventas fueran peores que las que se proyectaba o si los costos fueran mayores que los que se esperaba. Para este fin emplean los análisis del punto de equilibrio suponiendo diferentes niveles de ventas y costos.

ESTUDIO DE PALABRAS

Ejercicio 1   Study the following cognates that appear in this chapter.

la planificación	la instalación	variable
el control	el costo	
la proyección	el análisis	clasificar
la norma	el volumen	
el área de producción	el transporte	
la subárea	la comisión	
los materiales		

Ejercicio 2   Give a word related to each of the following.

1. variar
2. controlar
3. transportar
4. producir
5. normal
6. costar
7. analizar
8. el plan

Ejercicio 3 Complete each statement with the appropriate word(s).

1. Siempre está haciendo planes. Para él la _____ es de suma importancia.
2. La _____ de ventas es la cantidad de producto que se espera vender en el futuro.
3. El departamento de producción tiene que comprar los _____ que se necesitan para fabricar el producto.
4. Si es un factor que cambia es _____.
5. Cada producto tiene su _____. Nada es gratis.
6. Cada área grande tiene su _____.
7. Si la empresa va a ser rentable, es necesario ejercer _____ sobre los gastos.
8. Muchos vendedores reciben una _____ por sus ventas.

Ejercicio 4 Match the English word or expression in Column A with its Spanish equivalent in Column B.

A	B
1. forecast	a. el punto de equilibrio
2. manpower	b. el tamaño
3. marketing	c. el pronóstico
4. breakeven point	d. la publicidad
5. debt	e. la mano de obra
6. advertising	f. la unidad
7. to bill	g. fabril
8. unit	h. facturar
9. size	i. la comercialización
10. manufacturing	j. la deuda

Ejercicio 5 Complete each statement with the appropriate word(s).

1. La tecnología avanzada hace menos necesaria la mano de obra _____.
2. La _____ es de suma importancia en la promoción de un producto.
3. El departamento de _____ o marketing se responsabiliza por la planificación y la promoción del producto.
4. El _____ de ventas es muy importante para determinar si se va a crear un nuevo producto.
5. La empresa tiene que _____ al cliente o consumidor. Luego el consumidor paga.
6. Tenemos que saber el costo por _____, no la totalidad.
7. _____ es la cantidad de unidades que hay que vender de un producto para recuperar la inversión hecha para producirlo.
8. El _____ del mercado influye en el pronóstico de ventas.
9. La _____ es lo que se debe.

COMPRENSION

Ejercicio 1   True or false?

1. Los presupuestos y los pronósticos no tienen una función importante en la planificación y el control financiero de una empresa.
2. Hay que tener una proyección de ventas antes de tomar una decisión sobre la inversión que se hará para producir un producto.
3. El punto de equilibrio es el período de tiempo que toma para recuperar los costos por la producción de un producto.
4. Si el gasto varía con el nivel de producción, el costo es variable.
5. Los costos fijos no cambian según la cantidad del producto que produce o vende la empresa.

Ejercicio 2   Answer.

1. ¿Cuáles son algunas cosas que incluye el departamento de producción en su presupuesto?
2. ¿Qué le pasa al flujo de efectivo de una empresa si hay un incremento en el costo de operaciones?
3. ¿Y qué significa un flujo de efectivo neto positivo para la empresa?
4. ¿Cuáles son dos metas de la planificación y control financiero de una empresa?
5. ¿Qué es el ingreso neto?
6. ¿Qué quieren saber los administradores cuando consideran un nuevo producto?

Ejercicio 3   Give the Spanish equivalent for each of the following terms.

1. production
2. marketing
3. sales
4. plant
5. equipment
6. executive personnel
7. administrative personnel
8. office expenses

Ejercicio 4   Give examples of fixed costs (**los costos fijos**) and variable costs (**los costos variables**) in the production of a product.

Capítulo **18**
OTROS FENOMENOS
FINANCIEROS

Fusiones y consolidaciones

La fusión es la unificación de dos empresas individuales en una sola corporación. Se llama «fusión» si una de las empresas que toma parte en la unificación sobrevive. Por ejemplo, si Alfa S.A. y Beta. S.A. se unen y la nueva empresa se llama «Alfa S.A.», es una fusión. Una «consolidación» ocurre si las dos empresas, Alfa S.A. y Beta S.A., se unen y forman «Gama S.A.».

Cuando dos empresas que se dedican a la misma rama[1] se unen —dos líneas aéreas, U.S. Air y Piedmont, por ejemplo— se dice que es una combinación horizontal. (El caso de U.S. Air y Piedmont es una fusión y no una consolidación, porque lleva el nombre de U.S. Air.) En una combinación vertical, empresas que se dedican a diferentes fases de la misma industria se unen. Las grandes empresas industriales quieren controlar el proceso de producción lo máximo posible. La expansión vertical va hacia adelante hacia el consumidor final, y hacia atrás hacia la fuente de materia prima. En la industria de los automóviles, iría desde las minas de hierro[2] y carbón[3] hasta las agencias donde venden los autos e incluiría a los fabricantes de gomas o neumáticos[4], de baterías, etc.

Conglomerados

Un tercer tipo de combinación es el conglomerado. En este tipo de combinación se unen compañías que no tienen ninguna relación entre sí. En años recientes el 80% de las fusiones eran de este tipo. Las empresas consideran la fusión cuando creen que el valor de las dos empresas sería mayor si se unieran que si se siguieran separadas. Las fusiones resultan en ahorros en los gravámenes y en la sinergía. La sinergía es la acción combinada y se representa en los beneficios mutuos que resultan de las fusiones, tales como reducciones en los costos de producción, administración, financiamiento y comercialización.

Adquisición

Las combinaciones pueden ser por fusiones, verticales, horizontales o de conglomerado. Pueden ser hostiles o amigables. Pueden ser simplemente la adquisición de una empresa por otra. Una empresa puede comprar otra empresa o con efectivo o con activos, o puede comprar una mayoría de las acciones en una

---

[1]*field*   [2]*iron*   [3]*coal*   [4]*tires*

empresa. Los accionistas de las empresas que toman parte en una adquisición, tanto los accionistas de la empresa que compra como la que se vende, quieren mejorar sus beneficios. Sólo si la renta futura por acción se mejora[5], será aceptable la adquisición para uno, y sólo si el valor de los activos que recibe es superior al valor de los activos que entrega[6], será aceptable la adquisición para el otro.

Fracaso económico y financiero

El fracaso de una empresa puede ser de dos tipos, el fracaso económico o el fracaso financiero. En el fracaso económico, la empresa no puede derivar rentas razonables sobre sus inversiones. El fracaso financiero ocurre cuando la empresa no puede satisfacer sus obligaciones con sus acreedores. El fracaso económico, si no se remedia, obliga el cierre de la empresa y la liquidación de sus activos.

El fracaso financiero, sin fracaso económico, requiere unos ajustes para satisfacer a los acreedores. Los ajustes pueden ser sólo una demora en los pagos o, más grave, una reorganización de la empresa. Hay una diferencia entre la reestructuración y la reorganización. Una empresa, voluntariamente, puede reestructurarse, eliminando algunos puestos, combinando varias funciones, eliminando niveles de administración, etc., para confrontar problemas económicos o para mejorar la eficiencia de su operación. La reorganización ocurre cuando los acreedores o la empresa recurren[7] a las cortes. La empresa puede presentar un plan para pagar a los acreedores y una descripción de los pasos que se tomarán para reorganizar. Si los acreedores piden la reorganización, la corte puede nombrar un administrador y pedir un plan de reorganización. Cuando se reorganiza, las obligaciones anteriores se retiran y nuevas obligaciones se emiten a los acreedores.

Cuando el fracaso es económico y terminante, se declara la quiebra. Se liquida la empresa. El proceso de liquidación puede ser privado, entre la empresa y sus acreedores, o bajo la supervisión de las cortes—Capítulo VII del Código de Quiebra[8].

---

[5]*improves*   [6]*hands over*   [7]*appeal*   [8]*Bankruptcy Law*

ESTUDIO DE PALABRAS

Ejercicio 1   Study the following cognates that appear in this chapter.

la unificación	la reorganización	remediar
la corporación	la reestructuración	requerir
la expansión	el plan de reorganización	adquirir
el conglomerado	el administrador	restructurar
la sinergía	la obligación	eliminar
la reducción		combinar
el costo de producción	individual	confrontar
la administración	separado	ocurrir
el financiamiento	hostil	
la adquisición	amigable	

Ejercicio 2   Review the following forms of related words that are frequently used in economics and finance.
1. administrar, la administración, el administrador, administrativo
2. financiar, el financiamiento, las finanzas, financiero
3. liquidar, líquido, la liquidación, la liquidez
4. eficiente, la eficiencia, eficaz, efectivo

Ejercicio 3   Give the word or expression being defined.
1. la acción de unir dos cosas en una sola
2. la acción de convertir los activos en efectivo
3. la acción de adquirir algo
4. la acción de proveer o hacer disponibles los fondos que necesita una empresa o un individuo
5. el que se encarga de la administración
6. lo que debe o tiene que hacer un individuo o una empresa
7. mejorar una situación mala
8. poner dos o más cosas juntas
9. lo que cuesta producir algo
10. el contrario de «hostil»
11. la asociación de varios departamentos u órganos para hacer el trabajo
12. poner dos grupos en presencia uno de otro para ponerse de acuerdo sobre algunas diferencias

Ejercicio 4   Match the English word or expression in Column A with its Spanish equivalent in Column B.

A	B
1. merger	a. el fracaso
2. obligation, tax	b. el ajuste
3. failure	c. la demora en los pagos
4. closing	d. sobrevivir
5. adjustment	e. la fusión
6. level	f. la quiebra
7. step	g. emitir
8. bankruptcy	h. el gravamen
9. delayed payments	i. retirar
10. to survive	j. el paso
11. to withdraw, remove	k. el cierre
12. to issue	l. el nivel

Ejercicio 5   Complete each statement with the appropriate word(s).
1. Una crisis financiera puede resultar en el _____ de la empresa.
2. Y un fracaso terminante puede resultar en el _____ de la empresa.
3. Si el fracaso financiero es terminante, la empresa tiene que declarar la

   _____.
4. _____ es la unificación de dos empresas en una sola.

5. _____ significa «seguir existiendo».
6. En cada empresa hay varios _____ administrativos.

Ejercicio 6 Complete each expression with the appropriate word(s).
1. to make adjustments   hacer _____
2. to survive an acquisition   _____ una adquisición
3. to remove obligations   _____ gravámenes
4. to issue bonds   _____ bonos
5. to declare bankruptcy   declarar _____
6. to necessitate a closing   exigir el _____

COMPRENSIÓN

Ejercicio 1 True or false?
1. Se llama «fusión» sólo a una unificación en que una de las dos empresas sobrevive.
2. Si dos líneas aéreas se combinan, es una combinación horizontal.
3. Si dos empresas que se especializan en productos muy distintos se combinan, es una combinación vertical.
4. El fracaso financiero de una empresa obliga el cierre inmediato de la empresa y la liquidación de sus activos.
5. La reorganización de una empresa ocurre cuando los acreedores recurren a las cortes.

Ejercicio 2 Answer.
1. ¿Cuál es la diferencia entre una fusión y una consolidación?
2. ¿Cuál es la diferencia entre una combinación horizontal y una combinación vertical?
3. ¿Por qué consideran las empresas una fusión?
4. ¿Cómo resultan o pueden resultar en ahorros las fusiones?
5. ¿Qué quieren los accionistas cuando hay una posible adquisición?
6. ¿Cuál es la diferencia entre el fracaso económico y el fracaso financiero?
7. ¿Qué requiere el fracaso financiero de una empresa?
8. ¿Qué tiene que presentar una empresa cuando hay una reorganización?
9. ¿Qué pasa cuando hay una reorganización?
10. ¿Y qué pasa cuando hay una quiebra?

Ejercicio 3 In your own words, define each of the following terms.
1. una fusión
2. un conglomerado
3. la adquisición
4. la reestructuración
5. la reorganización
6. la quiebra

Capítulo 19
FINANZAS DEL COMERCIO INTERNACIONAL

La Ford tiene plantas en España, Gran Bretaña, Alemania, México y muchos otros países. Honda fabrica autos en los EE.UU. Hay hoteles norteamericanos en Europa y Japón y hoteles japoneses y europeos en los EE.UU.

Importancia de las «multinacionales»

De las 50 compañías más grandes del mundo, 33 son japonesas, 14 norteamericanas y 3 son británicas. Una gran proporción de los beneficios corporativos de los EE.UU. se deriva del comercio internacional. Sólo la compra de activos fijos en el exterior por empresas norteamericanas incrementó de unos $12.000 millones en 1950 a $300.000 millones en 1987. Las metas corporativas son las mismas en el ámbito internacional como en el nacional: la maximización del valor. Se quiere comprar activos que valen más de lo que se paga por ellos, y se quiere pagar con la emisión de pasivos que valen menos que el efectivo que se recauda. Lo que es complicado es que las transacciones se efectúan con una variedad de divisas de diferentes valores. Y los valores cambian con frecuencia. Esto añade otro factor de riesgo.

Tasas de cambio

Las tasas de cambio muestran la relación entre las monedas de diferentes países. La tasa de cambio en los mercados de divisas son del día corriente (en realidad son 2 días) y futuras (de 30, 90 ó 180 días). Las tasas futuras toman en cuenta los cambios que se esperan en las tasas de cambio y en las tasas de interés en los distintos países.

Mercados de divisas

El cambio de divisas ocurre en un mercado que no existe físicamente sino en los grandes bancos centrales y comerciales. Las empresas efectúan sus cambios en esos bancos por medio del teléfono, del télex o del facsímil. Los dos grandes centros para el cambio de divisas son Londres y Tokio. Cada día, en cada uno de esos dos centros se cambian más de $200.000 millones en divisas. Las empresas se valen de los mercados de cambio futuro para protegerse contra posibles pérdidas causadas por fluctuaciones en las tasas de cambio. Estas fluctuaciones pueden ocurrir a causa de fluctuaciones en las tasas de interés, a causa de la inflación o por razones políticas.

Ventajas de ser multinacional

Las ventajas de una presencia en los mercados internacionales para las empresas multinacionales son significativas. Si la Ford tuviera que exportar solamente sus autos fabricados en los EE.UU., el alto costo de producción y los aranceles que se pagarían en el extranjero resultarían en una falta de competividad. Los autos Ford serían demasiado caros comparados con los autos fabricados en el país. Por eso la Ford, la Chrysler y la General Motors tienen fábricas en el extranjero. Así pueden competir mejor. Las compañías subsidiarias de corporaciones norteamericanas gozan de[1] varias ventajas. No tienen que pagar impuestos a los EE.UU. hasta que los beneficios sean pagados a la compañía matriz en los EE.UU. También pueden deducir los impuestos que pagan en el extranjero.

Riesgos

Todo este movimiento de dinero de un país a otro requiere el constante cambio de divisas y el riesgo para las empresas. Por ejemplo, si un turista norteamericano compra unas perlas en Tokio y paga 130.000 yenes, y la tasa de cambio es de 130 yenes al dólar, se supone que le costó $1.000. El turista paga con tarjeta de crédito. En el tiempo que toma para efectuar la transacción por los bancos la tasa de cambio va de 130 yenes a 100 yenes por dólar. Cuando el turista recibe la cuenta, tiene que pagar $1.300. Ese mismo tipo de riesgo existe para las empresas y sus transacciones de miles de millones de dólares. En México la tasa de cambio pasó de 12 pesos por dólar a más de 3.000 pesos en poco tiempo.

Fluctuaciones en las tasas de cambio Hay varios recursos que tienen las empresas para protegerse de las fluctuaciones en las tasas de cambio. Los mercados de cambio futuro de divisas y los mercados de préstamos son dos. Existe una estrecha[2] relación entre las tasas de interés, la tasa de inflación y las tasas de cambio. Un ejemplo clásico del riesgo que se corre con las tasas de cambio es el caso de Laker Airlines de Gran Bretaña. Laker pidió grandes préstamos de los bancos en dólares. Sus ingresos eran mayormente en libras esterlinas. De repente, en los años 80 el valor del dólar respecto a la libra esterlina subió dramáticamente. Laker no tenía con qué pagar la deuda y tuvo que liquidar.

Las inversiones en el extranjero conllevan riesgos de tipo político además de los riesgos que presentan las fluctuaciones en los tipos de cambio. Las crisis del petróleo de 1973 y 1990 son ejemplos obvios. Las grandes empresas tienen que evaluar todos los mismos factores que consideran al establecerse en el mercado doméstico, más los factores especiales que existen en el mercado internacional al tomar la decisión de invertir o no en el extranjero. No obstante, las inversiones internacionales son mayores cada año.

---

[1]*enjoy*   [2]*close*

ESTUDIO DE PALABRAS

Ejercicio 1   Study the following cognates that appear in this chapter.

la planta	el facsímil	internacional
la proporción	la fluctuación	multinacional
la maximización del valor	la inflación	corporativo
el teléfono	las razones políticas	
el télex		

Ejercicio 2   Complete each statement with the appropriate word(s).

1. Una empresa que tiene sucursales, oficinas y plantas en muchos países del mundo es una empresa _____.
2. El comercio _____ es el contrario del comercio doméstico o nacional.
3. Tres medios de comunicación importantes son _____, _____ y _____.
4. Los grandes administradores son los ejecutivos _____.

Ejercicio 3   Match the word or expression in Column A with its equivalent in Column B.

A	B
1. el alza y la baja	a. la proporción
2. el alza en los precios	b. multinacional
3. los motivos políticos	c. la fluctuación
4. de muchos países	d. internacional
5. entre varios países	e. la inflación
6. el porcentaje	f. las razones políticas

Ejercicio 4   Match the English word or expression in Column A with its Spanish equivalent in Column B.

A	B
1. business	a. las divisas
2. goal	b. los aranceles
3. environment	c. los mercados de divisas
4. foreign currencies	d. la compañía matriz
5. exchange rate	e. la meta
6. currency markets	f. deducir
7. risk	g. el préstamo
8. loss	h. conllevar
9. duty, excise tax	i. la pérdida
10. competitiveness	j. el comercio
11. parent company	k. fabricar, manufacturar

12. loan	l. la tasa (el tipo) de cambio
13. pounds sterling	m. efectuar
14. to manufacture	n. las libras esterlinas
15. to deduct	o. el ámbito
16. to carry out	p. el riesgo
17. to carry with it	q. la competividad

Ejercicio 5 Study the following words related to **competir.** Use each one in a sentence.
1. competir
2. la competencia
3. el competidor
4. competitivo
5. la competividad

Ejercicio 6 Complete each statement with the appropriate word(s).
1. Tardan cinco días en _____ la transacción.
2. Se puede _____ el interés de los impuestos.
3. La propuesta _____ otras responsabilidades y obligaciones.
4. La Ford _____ autos en muchos países del mundo.
5. _____ es el valor de una moneda comparada con el de otra.
6. La moneda de Gran Bretaña es _____.
7. _____ tiene sucursales *(branches)* en muchos países.
8. Las fluctuaciones en la tasa de cambio de divisas conllevan _____ para las empresas multinacionales.

Ejercicio 7 Match the word in Column A with its equivalent in Column B.

A	B
1. la meta	a. el contrario de «la ganancia» o «el beneficio»
2. la divisa	
3. la tasa	b. el contrario de «la compañía matriz»
4. la pérdida	c. el objetivo
5. el subsidiario	d. la moneda
	e. el tipo

COMPRENSION

Ejercicio 1 True or false?
1. Las metas corporativas en el comercio internacional son muy diferentes de las metas en el comercio nacional.
2. La tasa de cambio es igual que la tasa de interés.
3. La tasa de cambio muestra la relación entre las monedas de diferentes valores.
4. Los dos grandes centros para el cambio de divisas son Nueva York y Tokio.

5. Las compañías subsidiarias de corporaciones norteamericanas tienen que pagar impuestos al gobierno federal de los EE.UU. en cuanto hagan una venta en cualquier país.
6. La compañía matriz puede deducir de sus impuestos federales los impuestos que paga en el extranjero.
7. Las tasas de interés tienen poco que ver con las tasas de cambio.

Ejercicio 2   Answer.
1. ¿De qué naciones son las 50 compañías más grandes del mundo?
2. ¿Cuál es la meta corporativa primordial en el ámbito internacional?
3. ¿Por qué son algo más complicadas las transacciones internacionales que las nacionales?
4. ¿Qué toman en cuenta las tasas futuras de cambio?
5. ¿Qué influye en las fluctuaciones de la tasa de cambio?
6. Si la Ford tuviera que exportar solamente autos fabricados en los Estados Unidos, ¿por qué resultaría en una falta de competividad?
7. Por consiguiente, ¿qué hace la Ford?

Ejercicio 3   Explain.
1. Explique lo que le pasó al turista que compró las perlas en Tokio.
2. Explique por qué Laker tuvo que declararse en quiebra.

ANSWERS TO VOCABULARY EXERCISES

ECONOMIA

Capitulo 1: Introducción a la economía

Ejercicio 2
1. e   2. a   3. i   4. b   5. g   6. k   7. d   8. l   9. f   10. h   11. c   12. j

Ejercicio 3
1. d   2. a   3. f   4. b   5. c   6. e

Ejercicio 4
1. produce, consume   2. productor, produce, consumo, consumidor
3. distribuidor   4. distribución   5. producción, distribución, consumo

Ejercicio 5
1. la inflación   2. la recesión   3. el ciclo   4. el capital   5. la manufactura
6. un déficit

Ejercicio 6
1. b   2. j   3. h   4. d   5. c   6. i   7. a   8. e   9. m   10. n   11. k   12. q
13. p   14. o   15. r   16. l   17. f   18. g

Ejercicio 7
1. c   2. b   3. c   4. a   5. c   6. a   7. b   8. c   9. c   10. a

Ejercicio 8
1. c   2. a   3. b   4. d

Ejercicio 9
1. la tasa de interés   2. la tasa de inflación   3. la tasa de desempleo (desocupación)

Capitulo 2: Sistemas económicos

Ejercicio 2
1. g   2. d   3. a   4. i   5. b   6. f   7. h   8. j   9. e   10. c   11. k

Ejercicio 3
1. el comunismo   2. el capitalismo   3. el capitalismo   4. el comunismo
5. el comunismo   6. el capitalismo   7. el comunismo   8. el capitalismo

Ejercicio 4
1. a   2. c   3. b   4. b   5. a

Ejercicio 5
1. la ocupación   2. gubernamental   3. los fondos   4. industrializado   5. puro
6. el sector   7. la cuestión   8. la teoría

Ejercicio 6
1. b   2. c   3. d   4. f   5. e   6. a   7. g   8. h

Ejercicio 7
1. b   2. c   3. a   4. c   5. b   6. a

Capitulo 3: Oferta, demanda y mercado

Ejercicio 2
1. el agricultor   2. específico   3. el cliente   4. potencial   5. el salario
6. la cantidad   7. la demanda   8. sustituir   9. similar   10. la disposición
11. obtener   12. reducir   13. la población   14. especializarse

Ejercicio 3
1. a   2. c   3. b   4. c   5. b

Ejercicio 4
1. f   2. d   3. l   4. j   5. h   6. b   7. g   8. k   9. e   10. i   11. a   12. c

Ejercicio 5
1. d   2. h   3. f   4. b   5. a   6. g   7. e   8. c

Ejercicio 6
1. venta   2. valor   3. marca   4. empleo   5. alza, bajar   6. oferta

Capitulo 4: El Estado y la economía

Ejercicio 2
1. d   2. e   3. f   4. a   5. c   6. b

Ejercicio 3
1. c   2. b   3. a   4. c   5. a   6. c

Ejercicio 4
1. g   2. e   3. f   4. d   5. h   6. a   7. j   8. i   9. b   10. c

Ejercicio 5
1. f   2. h   3. d   4. a   5. g   6. e   7. b   8. c   9. i

Ejercicio 6
1. c   2. f   3. i   4. h   5. n   6. m   7. a   8. d   9. b   10. g   11. q   12. l
13. o   14. j   15. k   16. e   17. p

Ejercicio 7
1. b   2. d   3. a   4. e   5. c   6. f

Ejercicio 8
1. a   2. c   3. c   4. b   5. a   6. b   7. c   8. a   9. b   10. a

Ejercicio 9
1. c   2. b   3. d   4. a

CAPITULO 5: Empresas

Ejercicio 2
1. competir   2. competencia   3. competitivo   4. competidor

Ejercicio 3
1. corporación (sociedad anónima)   2. materiales   3. agencias regulatorias
4. variable   5. fijo   6. propiedad individual   7. responsabilidad   8. documento
9. maximizar   10. corporación

Ejercicio 4
1. c   2. e   3. h   4. a   5. b   6. g   7. f   8. d   9. i   10. j

Ejercicio 5
1. acción   2. bono   3. acciones, bonos   4. accionista   5. trimestralmente
6. riesgo   7. ganancias (de capital)   8. vencer

Ejercicio 6
1. i   2. a   3. l   4. d   5. o   6. g   7. b   8. k   9. e   10. n   11. f   12. m
13. h   14. j   15. c   16. p

Ejercicio 7
1. la ganancia   2. la pérdida   3. a largo plazo   4. el flujo de efectivo
5. pasivo   6. la quiebra   7. invertir   8. el contable

Ejercicio 8
1. a   2. e   3. d   4. f   5. c   6. b

CAPITULO 6: Factores de producción

Ejercicio 2
1. la recesión   2. la depresión   3. la prosperidad (la expansión)
4. la expansión (el incremento)   5. la inflación   6. la hiperinflación   7. la pensión
8. el pensionado

Ejercicio 3
1. miembros   2. sindicato   3. afiliación   4. diferencias   5. resolver
6. negociaciones   7. contrato   8. diferencias

Ejercicio 4
1. a   2. b   3. a   4. c

Ejercicio 5
1. h   2. c   3. k   4. a   5. p   6. f   7. l   8. q   9. d   10. t   11. b   12. n
13. e   14. m   15. o   16. g   17. i   18. s   19. r   20. j

Ejercicio 6
1. deudor   2. acreedor   3. pedir prestado   4. invertir   5. el taller   6. trabaja
7. rama   8. mano de obra   9. nivel   10. un patrón   11. beneficios   12. huelga
13. huelguistas   14. pensionistas

Ejercicio 7
1. b   2. d   3. e   4. g   5. a   6. f   7. c   8. h

Ejercicio 8
1. c   2. e   3. a   4. b   5. i   6. g   7. j   8. d   9. f   10. h

Capitulo 7: El dinero y la banca

Ejercicio 2
1. mantener   2. cancelar   3. estabilizar   4. utilizar   5. depositar   6. bancario
7. monetario   8. financiero   9. líquido   10. aceptable   11. legal
12. el depositante   13. el participante   14. el intermediario

Ejercicio 3
1. cheque   2. pánico   3. reserva   4. depositantes   5. circulación   6. participantes

Ejercicio 4
1. g   2. m   3. a   4. i   5. e   6. n   7. b   8. k   9. d   10. q   11. f   12. l
13. c   14. r   15. p   16. o   17. j   18. h

Ejercicio 5
1. True   2. True   3. False   4. True   5. True   6. True   7. True   8. True
9. True   10. False   11. True   12. True

Ejercicio 6 *(Answers will vary.)*
1. Sí (No), (no) tengo una cuenta corriente.
2. Tengo la cuenta en ____.
3. Sí (No), la cuenta (no) paga interés.
4. Pago la mayoría de mis gastos con cheques (en efectivo).
5. Sí (No), (no) tengo una cuenta de ahorros.
6. Es una cuenta a la vista (a plazo).
7. Paga el ___ % de interés.
8. Sí (No), (no) tengo un préstamo para asistir a la universidad.

Ejercicio 7
1. d   2. b   3. a   4. c   5. e

Ejercicio 8
1. primordial (importante)   2. importantes (primordiales)   3. aviso   4. seguro
5. en apuros   6. venta

Ejercicio 9
1. e   2. d   3. h   4. f   5. g   6. a   7. c   8. b

Capitulo 8: Comercio internacional

Ejercicio 2
1. la exportación, la importación   2. importar, exportar   3. exportan, importan
4. importador, importaciones   5. exportador   6. importador

Ejercicio 3
1. a   2. c   3. c   4. b   5. c   6. a

Ejercicio 4
1. g   2. e   3. j   4. b   5. m   6. c   7. i   8. a   9. o   10. d   11. h   12. n
13. f   14. l   15. k

Ejercicio 5
1. renovable   2. mundial   3. extranjero   4. ingresos   5. activos

Ejercicio 6
1. el arancel   2. préstamo   3. comercio libre   4. comerciar   5. activos
6. transferencia, ayuda exterior

CAPITULO 9: Finanzas internacionales

Ejercicio 2
1. h   2. l   3. a   4. j   5. c   6. f   7. d   8. k   9. g   10. b   11. i   12. e

Ejercicio 3
1. un desastre   2. monetaria   3. apreciado   4. infraestructura   5. fluctúa
6. renegociar

Ejercicio 4
1. d   2. g   3. a   4. l   5. b   6. h   7. i   8. c   9. e   10. f   11. j   12. k

Ejercicio 5
1. analfabetismo   2. adiestramiento   3. en vías de desarrollo   4. el nivel de vida
5. préstamo   6. un tipo de cambio libremente fluctuante   7. analfabeto   8. divisas
9. renta media

Ejercicio 6
1. b   2. e   3. d   4. c   5. a

FINANZAS

CAPITULO 10: Función financiera

Ejercicio 2
1. la planificación   2. el financiamiento   3. la administración   4. la recomendación
5. la decisión

Ejercicio 3
1. contralor   2. capital   3. demanda   4. corporación   5. miembro   6. salario
7. pensión   8. inventario

Ejercicio 4
1. g   2. j   3. o   4. a   5. l   6. s   7. q   8. c   9. e   10. p   11. h   12. n
13. b   14. d   15. r   16. k   17. f   18. m   19. i

Ejercicio 5
1. invertir   2. inversión   3. acciones   4. inversionistas   5. accionistas

Ejercicio 6
1. funcionario ejecutivo principal   2. tasa de interés   3. contabilidad   4. recauda
5. votan   6. a largo plazo   7. a corto plazo   8. seguros   9. efectivo
10. ganancias

Ejercicio 7
1. c   2. f   3. a   4. g   5. h   6. e   7. d   8. b

Ejercicio 8
1. d   2. a   3. f   4. b   5. g   6. e   7. c

Ejercicio 9
1. el efectivo   2. las ventas, las rentas   3. los impuestos   4. el accionista
5. la junta de directores (directiva)   6. el salario   7. una sociedad anónima
8. el departamento de ventas   9. el departamento de contabilidad   10. la meta
11. el obrero   12. el capataz

Capitulo 11: Sistema financiero de los Estados Unidos

Ejercicio 2
1. negociable   1. La comisión   3. interés   4. contribuir   5. banco
6. un dividendo   7. estable

Ejercicio 3
1. e   2. a   3. c   4. b   5. d

Ejercicio 4
1. h   2. d   3. j   4. a   5. l   6. p   7. c   8. e   9. q   10. n   11. f   12. r
13. i   14. o   15. b   16. k   17. m   18. g   19. t   20. s

Ejercicio 5
1. a   2. c   3. b   4. a   5. b   6. c   7. b   8. a   9. b   10. a

Ejercicio 6
1. c   2. j   3. f   4. l   5. a   6. m   7. d   8. g   9. b   10. k   11. h   12. n
13. i   14. e

Ejercicio 7 *(Answers will vary.)*
1. Sí (No), (no) tengo una cuenta corriente.
2. Sí (No), (no) tengo una cuenta de ahorros.
3. Es una cuenta a la vista (a plazo).
4. Tengo la cuenta en _____.
5. Es un banco (una institución) ____.
6. La tasa de interés para una cuenta de ahorros es de ____.
7. Sí (No), (no) soy dueño(-a) o propietario(-a) de mi casa.
8. Sí (No), (no) tengo una hipoteca.

Ejercicio 8
1. a   2. c   3. a   4. b

Ejercicio 9
1. b   2. d   3. a   4. e   5. c

Ejercicio 10 *(Answers will vary.)*
1. Sí (No), (no) tengo una póliza de seguros.
2. Tengo la póliza con ____.
3. La fecha de vencimiento de la prima es ____.
4. Sí (No), (no) paga dividendos.
5. Sí (No), (no) se acumulan los dividendos.
6. Sí (No), (no) rinden intereses los dividendos acumulados.
7. El valor actual en efectivo de la póliza es ____.

Capitulo 12: Organizaciones comerciales

Ejercicio 2
1. e   2. a   3. c   4. b   5. f   6. d   7. h   8. g

Ejercicio 3
1. individual   2. el domicilio   3. el costo   4. requerir   5. participar

Ejercicio 4
1. d   2. f   3. e   4. c   5. a   6. b

Ejercicio 5
1. f   2. m   3. d   4. h   5. p   6. j   7. r   8. l   9. t   10. k   11. a   12. q
13. i   14. c   15. o   16. g   17. n   18. b   19. e   20. s   21. u

Ejercicio 6
1. b   2. a   3. b   4. a   5. b   6. b   7. a   8. c   9. b   10. c

Ejercicio 7
1. d   2. e   3. a   4. f   5. c   6. b

Capitulo 13: Impuestos

Ejercicio 2
1. e   2. g   3. a   4. f   5. b   6. h   7. c   8. d   9. j   10. i

Ejercicio 3
1. h   2. n   3. d   4. a   5. f   6. k   7. q   8. b   9. m   10. i   11. p   12. s
13. j   14. e   15. c   16. l   17. o   18. g   19. r   20. t

Ejercicio 4
1. El Seguro Social   2. recauda   3. impuestos   4. estatales, municipales
5. el contribuyente   6. pormenorizar   7. gravable   8. ventas   9. bienes raíces
10. abonos

Ejercicio 5
1. pormenorizar   2. las exenciones   3. abonos   4. los bienes raíces   5. gravables

Capitulo 14: Valor del dinero a través del tiempo

Ejercicio 2
1. cálculos   2. doble   3. período   4. intereses, dividendos   5. máximo   6. dólar

Ejercicio 3
1. e   2. h   3. k   4. a   5. i   6. m   7. c   8. l   9. j   10. f   11. b   12. g
13. d

Ejercicio 4
1. el vendedor   2. el comprador   3. la deuda   4. el préstamo   5. la inversión
6. el interés compuesto

Capitulo 15: Técnicas de presupuesto del capital

Ejercicio 2
1. e   2. a   3. d   4. g   5. b   6. f   7. h   8. c

Ejercicio 3
1. b   2. a   3. c

Ejercicio 4
1. analizar   2. evaluar   3. constante   4. determinar   5. un departamento
6. la alternativa   7. el director   8. planificar   9. analizar   10. el criterio

Ejercicio 5
1. f   2. m   3. h   4. j   5. a   6. o   7. c   8. q   9. e   10. n   11. r   12. b
13. p   14. g   15. k   16. d   17. l   18. i

Ejercicio 6
1. b   2. c   3. b   4. a   5. c   6. a   7. c   8. c   9. b

Ejercicio 7
1. el presupuesto   2. la presupuestación   3. presupuestario   4. el rendimiento
5. el valor   6. el desembolso   7. el costo   8. la tasa   9. el flujo   10. el descuento

Ejercicio 8
1. f   2. c   3. e   4. h   5. a   6. g   7. b   8. d

Ejercicio 9
1. el costo (de producción)   2. la política fiscal   3. la venta
4. los costos y beneficios   5. disponibilidad

Ejercicio 10
1. c   2. f   3. e   4. g   5. i   6. j   7. a   8. b   9. d   10. h

Ejercicio 11
1. pronosticar   2. asumir   3. proponer   4. apoyar   5. promediar   6. adquirir

Ejercicio 12
1. apoyar   2. adquirir   3. el pronóstico   4. pronosticar   5. proponer
6. la propuesta   7. promediar

Capitulo 16: Análisis de razones financieras

Ejercicio 2
1. formato   2. información   3. condición   4. inventario   5. circulación

Ejercicio 3
1. c   2. a   3. d   4. b

Ejercicio 4
   Hoja de balance
   Activos
   Efectivo
   Valores negociables
   Cuentas por cobrar
   Inventarios
      Total activos circulantes
   Planta y equipo
   Menos depreciación
   Planta y equipo neto
   Total activos

Derechos sobre los activos
   Cuentas por pagar
   Documentos por pagar
   Pasivos devengados
   Provisión para impuestos federales
      Total pasivos circulantes
   Bonos de hipoteca
   Bonos a largo plazo
   Capital común
   Utilidades retenidas
      Total capital contable
   Total derechos sobre los activos

Ejercicio 5
   Estado de resultados
   Ventas netas
   Costo de bienes vendidos
   Utilidad bruta
   Gastos de operación
      Gastos de ventas
      Gastos generales y de administración
      Pagos de arrendamiento
   Depreciación
   Ingreso neto en operación
   Ingreso bruto en operación
   Otros ingresos y gastos excepto intereses
   Menos gastos de intereses
      Intereses sobre los documentos por pagar
      Interés sobre la hipoteca
      Interés sobre los bonos a corto plazo
   Ingreso neto antes de impuestos
   Impuestos federales
   Ingreso neto después de impuestos
   Utilidades por acción

Ejercicio 6
1. f   2. i   3. b   4. n   5. p   6. a   7. j   8. q   9. h   10. c   11. o   12. d
13. g   14. e   15. k   16. m   17. l

Ejercicio 7
1. el ingreso neto   2. el año corriente   3. los activos circulantes (corrientes)
4. la liquidez   5. las cuentas por pagar   6. las cuentas por cobrar
7. los gastos de operación   8. la rentabilidad

CAPITULO 17: Planificación y control financiero

Ejercicio 2
1. variable   2. el control   3. el transporte   4. la producción   5. la norma
6. el costo   7. el análisis   8. la planificación

Ejercicio 3
1. planificación   2. proyección   3. materiales   4. variable   5. costo   6. subárea
7. control   8. comisión

Ejercicio 4
1. c   2. e   3. i   4. a   5. j   6. d   7. h   8. f   9. b   10. g

Ejercicio 5
1. fabril   2. publicidad   3. comercialización   4. pronóstico   5. facturar
6. unidad   7. El punto de equilibrio   8. tamaño   9. deuda

Capitulo 18: Otros fenómenos financieros

Ejercicio 3
1. la unificación   2. la liquidación   3. la adquisición   4. el financiamiento
5. el administrador   6. la obligación   7. remediar   8. combinar
9. el costo de producción   10. amigable   11. la sinergía   12. confrontar

Ejercicio 4
1. e   2. h   3. a   4. k   5. b   6. l   7. j   8. f   9. c   10. d   11. i   12. g

Ejercicio 5
1. fracaso   2. cierre   3. quiebra   4. La fusión   5. Sobrevivir   6. niveles

Ejercicio 6
1. ajustes   2. sobrevivir   3. retirar   4. emitir   5. la quiebra   6. cierre

Capitulo 19: Finanzas del comercio internacional

Ejercicio 2
1. multinacional   2. internacional   3. el teléfono, el télex, el facsímil
4. corporativos

Ejercicio 3
1. c   2. e   3. f   4. b   5. d   6. a

Ejercicio 4
1. j   2. e   3. o   4. a   5. l   6. c   7. p   8. i   9. b   10. q   11. d   12. g
13. n   14. k   15. f   16. m   17. h

Ejercicio 5
1. Para poder competir mejor, las grandes empresas de automóviles establecen
   fábricas en el extranjero.
2. La competencia controla la subida de los precios.
3. La Ford y Honda son dos grandes competidoras de automóviles.
4. Los precios de los autos norteamericanos son competitivos con los de los japoneses.
5. Habría una falta de competividad si los autos norteamericanos que son exportados
   al extranjero fueran más caros que los autos fabricados en el país extranjero.

Ejercicio 6
1. efectuar   2. deducir   3. conlleva   4. manufactura (fabrica)
5. La tasa de cambio   6. la libra esterlina   7. La compañía matriz   8. riesgos

Ejercicio 7
1. c   2. d   3. e   4. a   5. b

SPANISH-ENGLISH VOCABULARY

A

a corto plazo   short-term
a la par   at par
a largo plazo   long-term
a plazos   in installments
abajo para arriba   bottom-up
abono *m*   installment
acción *f*   stock, share
acción común *f*   common stock
acción preferencial *f*   preferred stock
accionista *m* or *f*   stockholder, shareholder
aceptable   acceptable
aceptar   to accept
acreedor *m*   creditor
actividad *f*   activity
activos *m pl*   assets
activos circulantes *m pl*   current assets
activos corrientes *m pl*   current assets
activos de capital *m pl*   capital assets
activos fijos *m pl*   fixed assets
activos financieros *m pl*   financial assets
acuerdo *m*   agreement
acumulado   accumulated, accrued
acumular   to accumulate, accrue
adecuado   adequate
adelante   forward
adiestramiento *m*   training
administración *f*   administration, management
administrador *m*   administrator, manager
administrar   to administer, manage
administrativo   administrative
adquirir   to obtain, acquire
adquisición *f*   acquisition, membership
aduana *f*   customs
afectar   to affect
afiliación *f*   affiliation
afiliación sindical *f*   union affiliation
afiliado   affiliated
afiliado *m*   affiliate, member
afiliarse   to become affiliated, join
agencia de bienes raíces *f*   real estate agency
agencia gubernamental *f*   governmental agency
agencia regulatoria *f*   regulatory agency
agotable   exhaustible, unreplenishable
agricultor *m*   farmer
agricultura *f*   agriculture, farming
ahorrar   to save
ahorros *m pl*   savings
ajustar   to adjust
ajuste *m*   adjustment
al azar   at random
al detal   retail
al instante   instantly
al por mayor   wholesale
albergue *m*   lodging, shelter
alcanzar   to reach
alternativa *f*   alternative
altos *m pl*   highs, upswings
alza *f*   increase, rise
ámbito *m*   environment
amigable   friendly
analfabetismo *m*   illiteracy
análisis *m*   analysis
análisis del flujo de efectivo *m*   cash-flow analysis
análisis del punto de equilibrio *m*   breakeven analysis
analizar   to analyze
ancho   wide
anotación *f*   annotation
anticipar   to anticipate
anualidad *f*   annual payment, annuity
anular   to annul, cancel, void
añadir   to add
año corriente *m*   current year

apalancamiento *m*   leverage
aplicación *f*   application
apoderado *m*   proxy
apoyar   to support
apreciado   appreciated
apreciar   to appreciate
aprobar   to approve
aproximarse   to approximate
aranceles *m pl*   tariffs, duty, excise tax
arriba para abajo   top-down
artesano *m*   artisan, craftsman
artículo de lujo *m*   luxury article
ascendente   ascending
asegurado   insured
asegurar   to assure, insure
asistencia *f*   assistance
asistencia pública *f*   public assistance, welfare
asistir   to assist; to attend
asociación *f*   partnership
asociación cooperativa de crédito *f*   credit union
asociación general *f*   general partnership
asociación limitada *f*   limited partnership
asumir   to assume
asunto *m*   matter
asuntos de finanzas *m pl*   financial matters
atrás   backward
aumentar   to increase
aumento *m*   increase, rise
austeridad *f*   austerity
autopista *f*   highway
autoritario   authoritarian
autorización *f*   authorization
avance *m*   advance
avances tecnológicos *m pl*   technological advances
avanzado   advanced
ayuda *f*   help
ayuda exterior *f*   foreign aid

B

baja *f*   decrease, fall
bajar   to lower, decrease, go down
bajos *m pl*   lows, downswings
balance *m*   balance
balance general *m*   general balance
balanza de pagos *f*   balance of payments

banca *f*   banking
bancario   banking
banco *m*   bank
banco comercial *m*   commercial bank
banco de ahorros *m*   savings bank
basarse   to be based
base *f*   base
básico   basic
beneficiar   to benefit
beneficios *m pl*   benefits, profits
bien privado *m*   private property
bien público *m*   public property
bienes *m pl*   goods
bienes complementarios *m pl*   complementary goods
bienes raíces *m pl*   real estate
bienes y servicios *m pl*   goods and services
billete *m*   bill, bank note
boicotear   to boycott
Bolsa de Valores *f*   Stock Market
bono *m*   bond
bono a corto plazo *m*   short-term bond
bono a largo plazo *m*   long-term bond
bono de ahorro *m*   savings bond
bono de hipoteca *m*   mortgage bond
bono estatal *m*   state (government) bond
bono federal *m*   federal (government) bond
bono fiscal *m*   treasury bond
bono municipal *m*   municipal bond
bruto   gross
buscar   to look for

C

caja de ahorros *f*   savings bank
calcular   to calculate
cálculo *m*   calculation
calidad *f*   quality
calificar   to qualify
cambio *m*   change
cambio de divisas *m*   foreign exchange
campo *m*   country, field
cancelar   to cancel
cantidad *f*   quantity
capacidad *f*   capacity, ability
capataz *m*   foreman
capaz   capable
capital *m*   capital

capital común *m*   equity
capital contable *m*   equity
capital patrimonial *m*   stockholder's
   equity, owner's equity
capitalismo *m*   capitalism
caracterizarse   to be characterized
caridad *f*   charity
caro   expensive
casa de ahorro y crédito *f*   savings and
   loan institution
casa de ahorro y préstamo *f*   savings and
   loan institution
caso *m*   case
categorizar   to categorize
causar daño   to damage, harm, injure
centavo *m*   cent
centralizado   centralized
certificado de depósito *m*   certificate of
   deposit (CD)
cíclico   cyclical
ciclo *m*   cycle
ciclo comercial *m*   business cycle
cierre *m*   closing
cifra *f*   numerical figure, cipher
cima *f*   peak
circulación *f*   circulation
circular   to circulate
circunstancia *f*   circumstance
ciudadano *m*   citizen
clasificar   to classify
cliente *m* or *f*   client, customer
cobrar   to charge
combatir   to combat
combinar   to combine
comercial   commercial
comercialización *f*   marketing
comerciar   to trade
comercio *m*   trade
comercio internacional *m*   international
   trade
comercio libre *m*   free trade, open trade
comisión *f*   commission
compañía *f*   company
compañía de préstamos *f*   loan company
compañía de seguros *f*   insurance
   company
compañía matriz *f*   parent company
compañía tenedora *f*   holding company
comparar   to compare

compartir   to share
compensar   to compensate
competencia *f*   competition; competence
competidor *m*   competitor
competir   to compete
competitivo   competitive
competividad *f*   competitiveness
complementario   complementary
complicado   complicated
comportamiento *m*   behavior
comportamiento económico *m*
   economic behavior
comportarse   to behave
compra *f*   purchase
comprador *m*   buyer
computadora *f*   computer
computar   to compute
comunicación *f*   communication
comunismo *m*   communism
conceder   to concede, grant
concepto *m*   concept
condición *f*   condition
conducir   to lead
confrontar   to confront
confuso   confused
conglomerado *m*   conglomerate
conjetura *f*   conjecture
conjunto *m*   combination, collection
conllevar   to carry with it
conseguir   to obtain
consentir   to consent
conservar   to conserve, save
considerar   to consider
consolidación *f*   consolidation
constante   constant
constituir   to constitute
construcción *f*   construction
construir   to construct
consumidor *m*   consumer
consumir   to consume
consumo *m*   consumption
contabilidad *f*   accounting
contable *m* or *f*   accountant
contador *m*   accountant
contralor *m*   controller
contrarrestar   to counteract, block
contrastar   to contrast
contratar   to hire, sign a contract
contrato *m*   contract

contribución *f*   contribution, tax
contribuir   to contribute, pay tax
contribuyente *m* or *f*   taxpayer
control *m*   control
controlar   to control
convencer   to convince
coordinación *f*   coordination
coordinar   to coordinate
corporación *f*   corporation
corporación de fines no lucrativos *f*
   nonprofit organization
corporación privada *f*   privately owned
   corporation
corporación subsidiaria *f*   subsidiary
   corporation
corporativo   corporate
corredor *m*   broker
corte *f*   court
costar   to cost
costo *m*   cost
costo de bienes vendidos *m*   cost of goods
   sold
costo de capital *m*   cost of capital
costo de operaciones *m*   operating cost
costo de oportunidad *m*   opportunity cost
costo de producción *m*   production cost
costo fijo *m*   fixed cost
costo variable *m*   variable cost
costos y beneficios *m pl*   cost and profit
crecimiento *m*   growth
crecimiento económico *m*   economic
   growth
crédito *m*   credit
crisis *f*   crisis
criterio *m*   criteria
crítico   critical
crudo *m*   crude oil
cubrir   to cover
cuenta *f*   account
cuenta a la vista *f*   demand account,
   day-to-day account
cuenta a plazo *f*   time account
cuenta corriente *f*   checking account
cuente de ahorros *f*   savings account
cuenta de capital *f*   capital account
cuenta individual de retiro *f*   individual
   retirement account (IRA)
cuentas por cobrar *f pl*   accounts
   receivable

cuentas por pagar *f pl*   accounts payable
cuestión *f*   question, issue
cuidar de   to take care of
cumplir   to fulfill
cuota *f*   quota
cupón *m*   coupon
cupón de alimentación *m*   food stamp
curva *f*   curve
curva de demanda *f*   demand curve

CH
cheque *m*   check
cheque de viajero *m*   traveler's check

D
dar por bueno   to approve, accept
datos financieros *m pl*   financial data
de antemano   in advance
de fines no lucrativos   nonprofit
de temporada   seasonal
de último recurso   as a last resort
deber   to owe
decidir   to decide
decisión *f*   decision
dedicación *f*   dedication
dedicar   to dedicate, devote, give over
deducción *f*   deduction
deducible *m*   deductible
deducir   to deduct
defender   to defend
defensa *f*   defense
defensa nacional *f*   national defense
déficit *m*   deficit
déficit presupuestario *m*   budgetary
   deficit
definir   to define
demanda *f*   claim; demand
demandar   to file suit
demora *f*   delay
demora en los pagos *f*   delay in payments
departamento *m*   department
departamento de contabilidad *m*
   accounting department
departamento de ventas *m*   sales
   department
dependiente *m* or *f*   dependent; clerk
depositante *m or f*   depositor
depositar   to deposit
depósito *m*   deposit

depósito de reserva *m*   reserve deposit
depreciación *f*   depreciation
depreciar   to depreciate
depresión *f*   depression
derecho *m*   right
derechos sobre los activos *m pl*   liabilities
desarrollo *m*   development
desastre *m*   disaster
descendente   descending
descontar   to discount
describir   to describe
descuento *m*   discount
desembolso inicial *m*   initial outlay
desempeñar un papel   to play a role
desempleado   unemployed
desempleo *m*   unemployment
desempleo cíclico *m*   cyclical
    unemployment
desempleo de temporada *m*   seasonal
    unemployment
desempleo estructural *m*   structural
    unemployment
desempleo friccional *m*   frictional
    unemployment
desequilibrio *m*   imbalance
desigualdad *f*   inequality
desnutrición *f*   malnutrition
destreza *f*   skill
destrucción *f*   destruction
desventaja *f*   disadvantage
desviación *f*   deviation
detallado   detailed
determinar   to determine
deuda *f*   debt
deuda pública *f*   public debt, national debt
deudor *m*   borrower, debtor
devaluación *f*   devaluation
devaluado   devalued
devaluar   to devaluate
devengado   accrued
devolver   to return
diario   daily
diferencia *f*   difference
diferenciar   to differentiate
dinero de curso legal *m*   legal tender
dinero en efectivo *m*   cash
dinero-mercancía *m*   commodity money
dinero-papel *m*   paper money
dinero-signo *m*   token money

dirección *f*   direction; management
director *m*   director
dirigir   to direct, run
disminución *f*   decrease
disminuir   to decrease
disolución *f*   dissolution
disolver   to dissolve
disponibilidad *f*   availability
disponible   available, ready
disposición *f*   disposition
dispuesto   ready
distribución *f*   distribution
distribuidor *m*   distributor
distribuir   to distribute
diversificar   to diversify
dividendo *m*   dividend
dividir   to divide
divisas *f pl*   foreign currencies
divisible   divisible
división *f*   division
doble *m*   double
docena *f*   dozen
documentación *f*   documentation
documento *m*   document
documentos por pagar *m pl*   notes
    payable, debentures
dólar *m*   dollar
doméstico   domestic
domicilio *m*   domicile
dominante   dominant
dueño *m*   owner
durar   to last

E

economía *f*   economics, economy
economía autoritaria *f*   authoritarian
    economy
economía de libre mercado *f*   free-market
    economy
economía mixta *f*   mixed economy
economista *m or f*   economist
educación *f*   education
educar   to educate
efectivo *m*   cash
efecto *m*   effect
efectuar   to cause
efectuarse   to be carried out
eficaz   efficacious, efficient
eficiencia *f*   efficiency

eficiente   efficient
ejercer   to exercise
ejercicio *m*   exercise
electricidad *f*   electricity
elegir   to elect
elevado   elevated
eliminar   to eliminate
emitir   to issue
empleado *m*   employee
emplear   to use, employ
empleo *m*   employment, job
empresa *f*   company, enterprise
empresa comercial *f*   business enterprise
empresa de propiedad individual *f*
   individually owned enterprise, sole
   proprietorship
empresarial   entrepreneurial, managerial
empresario *m*   owner
en apuros   in a jam, in trouble
en circulación   in circulation
en vías de desarrollo   developing
encargado   in charge
encargarse de   to take charge of
energía *f*   energy
enfocar   to focus
enfoque *m*   focus
enfrentarse   to confront, face
ente *m*   entity
ente comercial *m*   business firm
entidad *f*   entity
entrada *f*   entrance
entregar   to deliver, hand over
época *f*   era, epoch
equilibrio *m*   equilibrium, balance
equipo *m*   equipment
equivalencia *f*   equivalence
equivaler   to be equivalent
escasez *f*   shortage, scarcity
escaso   scarce
escoger   to choose
escritura *f*   written document, deed
especialista *m* or *f*   specialist
especializarse   to specialize
especificar   to specify
específico   specific
esperanza de vida *f*   life expectancy
estabilidad *f*   stability
estabilidad laboral *f*   dependability of
   work force

estabilizar   to stabilize
estable   stable
establecer   to establish
establecimiento *m*   establishment
estado *m*   state; statement
estado contable *m*   accounting statement
estado de resultados *m*   profit and loss
   statement (P&L)
estado de resultados presupuestado *m*
   pro forma profit and loss statement
estado financiero *m*   financial statement
estándar *m*   standard
estar de acuerdo   to agree
estatal   state
estimular   to stimulate
evaluación *f*   evaluation
evaluar   to evaluate
evitar   to avoid
exención *f*   exemption
existencia *f*   existence, stock
existir   to exist
expansión *f*   expansion
explicar   to explain
exportación *f*   exporting, exportation
exportador *m*   exporter
exportar   to export
externalidades *f pl*   externalities, spillover
extranjero   foreign
extranjero *m*   foreigner, foreign country
extremo *m*   extreme

F

fábrica *f*   factory
fabricado   manufactured
fabricante *m* or *f*   manufacturer
fabricar   to manufacture
fabril   manufacturing
facilitar   to facilitate
facsímil, facsímile *m*   facsimile (FAX)
factor *m*   factor
factores de producción *m pl*   factors of
   production
factura *f*   bill, invoice
facturar   to bill
facturización *f*   billing, invoicing
falta *f*   lack
fascismo *m*   Fascism
fase *f*   phase
favorecer   to favor, benefit

fecha de vencimiento *f*   due date
federal   federal
feroz   ferocious
figurar   to appear
fijar   to set, fix
fijo   fixed
fila de piquetes *f*   picket line
financiamiento *m*   financing
financiar   to finance
financiero   financial
finanzas *f pl*   finances
finca *f*   farm
fiscal   fiscal
físico   physical
fluctuación *f*   fluctuation
fluctuante   fluctuating
fluctuar   to fluctuate
fluir   to flow
flujo de efectivo *m*   cash flow
fondo *m*   bottom; fund
fondos de pensión *m pl*   pension funds
fondos disponibles *m pl*   available funds
fondos federales *m pl*   federal funds
fondos mutualistas *m pl*   mutual funds
formalidad *f*   formality
formato *m*   format
fracaso *m*   failure
fracaso económico *m*   economic failure
fracaso financiero *m*   financial failure
fuente *f*   source
fuente de energía *f*   energy source
fuente de ingreso *f*   source of income
función *f*   function
funcionamiento *m*   functioning, working
funcionar   to operate, function, work
funcionario *m*   officer
funcionario ejecutivo principal *m*   chief executive officer (CEO)
fundación *f*   foundation
fundar   to found
fusión *f*   merger

G

ganancias *f pl*   gains, profits, earnings, income
ganancias a corto plazo *f pl*   short-term earnings (income)
ganancias a largo plazo *f pl*   long-term earnings (income)

ganancias de capital *f pl*   capital gains
ganar   to earn
gastar   to spend
gasto *m*   expense, cost
gastos de administración *m pl*   administrative expenses (costs)
gastos de intereses *m pl*   interest expenses (costs)
gastos de operación *m pl*   operating expenses (costs)
gastos de ventas *m pl*   selling expenses (costs), sales costs
gastos generales *m pl*   overhead expenses (costs)
gerencia *f*   management
gerencial   managerial
gobierno *m*   government
gobierno estatal *m*   state government
gobierno federal *m*   federal government
gobierno local *m*   local government
gozar   to enjoy
gráfica *f*   graph
granja *f*   farm
gratuito   gratuitous, free
gravable   taxable
gravamen *m*   obligation, tax
gravarse   to be taxed
grave   serious
gravemente   seriously
guardar   to save
gubernamental   governmental
gusto *m*   like, taste, preference

H

habilidad *f*   ability
habitante *m* or *f*   inhabitant
hacer daño   to damage, harm, injure
hacer un depósito   to deposit, make a deposit
hacia   toward
hiperinflación *f*   hyperinflation
hipoteca *f*   mortgage
hoja de balance *f*   balance sheet
hostil   hostile
huelga *f*   strike
huelga de brazos caídos *f*   sit-down strike
huelguista *m* or *f*   striker
humano   human

I

identificar   to identify
ideología *f*   ideology
igual   equal, same
ilegal   illegal
ilimitado   unlimited
impacto *m*   impact
implementar   to implement
imponer   to impose
importación *f*   importing, importation
importaciones *f pl*   imports
importador *m*   importer
importar   to import; to matter
impuesto *m*   tax
impuesto corporativo *m*   corporate tax
impuesto federal *m*   federal tax
impuesto progresivo *m*   progressive tax
impuesto proporcional *m*   proportional
   tax
impuesto regresivo *m*   regressive tax
impuesto sobre ventas *m*   sales tax
incontrolable   uncontrollable
incorporado   incorporated
incorporar   to incorporate
incrementar   to increase
incremento *m*   increment, increase
independiente   independent
individual   individual
individuo *m*   individual
industria *f*   industry
industria automovilística *f*   automobile
   industry
industrializado   industrialized
inflación *f*   inflation
influir   to influence
información *f*   information
informar   to inform
informarse   to be shown, be reported
infraestructura *f*   infrastructure
ingreso *m*   income, earnings, revenue
ingreso bruto *m*   gross income
ingreso bruto ajustado *m*   adjusted gross
   income
ingreso bruto en operación *m*   gross
   operating income
ingreso fijo *m*   fixed income
ingreso gravable *m*   taxable income
ingreso neto *m*   net income
ingreso ordinario *m*   ordinary income

ingreso personal *m*   personal income
instalación *f*   installation, plant
institución *f*   institution
instrucción *f*   instruction
instruir   to instruct
intensidad *f*   intensity
interacción *f*   interaction
intercambiarse   to exchange
interés *m*   interest
interés compuesto *m*   compound interest
interferir   to interfere
intermediario *m*   intermediary
internacional   international
intervención *f*   intervention
intervención gubernamental *f*
   government intervention
intervenir   to intervene
inventario *m*   inventory
invento *m*   invention
inversión *f*   investment
inversionista *m or f*   investor
invertir   to invest
investigación *f*   research
ir a huelga   to strike, go on strike
ítem *m*   item

J

jefe *m*   boss, chief
jefe de departamento *m*   department head
jerarquía empresarial *f*   managerial
   hierarchy
jubilado   retired
jubilarse   to retire
junta *f*   board
junta de directores (directiva) *f*   Board
   of Directors
juntar   to combine, join
jurídico   judicial, legal

L

legal   legal
ley de la demanda *f*   law of demand
ley de la oferta *f*   law of supply
libra esterlina *f*   pound sterling
libremente fluctuante   free-floating
limitación *f*   limitation
limitado   limited
limitar   to limit
límite *m*   limit

liquidación *f* liquidation
liquidar to liquidate
liquidez *f* liquidity
líquido liquid
lujo *m* luxury

M

macroeconomía *f* macroeconomics
manejar to manage
manipulación *f* manipulation
manipular to manipulate
mano de obra *f* manpower
mano de obra gerencial *f* managerial
manpower
mantener to maintain
mantenimiento *m* maintenance,
maintaining
manufactura *f* manufacture
manufacturar to manufacture
máquina *f* machine
maquinaria *f* machinery
marca *f* brand
marketing *m* marketing
materia prima *f* raw material
material *m* material
maximización *f* maximum, maximization
maximización de los beneficios *f*
maximization of profits
maximización del valor *f* maximization
of value
maximizar to maximize
máximo *m* maximum
mayoría *f* majority
mecánico mechanical
mecanismo *m* mechanism
mediante by means of
medida de valor *f* value measurement
medida de austeridad *f* austerity
measure
medio ambiente *m* environment
medio de intercambio *m* means of
exchange
medios de producción *m pl* means of
production
medios de transporte *m pl* means of
transportation
mejoramiento *m* improvement
mejorar to improve
mensual monthly

mercadeo *m* marketing
mercado *m* market
mercado abierto *m* open market
Mercado de Comercio *m* Commodities
Market
mercado de divisas *m* foreign exchange
market
mercado de factores *m* factor market
mercado de productos *m* product market
Mercado de Valores *m* Stock Market
mercado financiero *m* financial market
mercado laboral *m* labor market
mercado primario *m* primary market
mercado secundario *m* secondary
market
mercancías *f pl* merchandise,
commodities
merecer to merit, deserve
meta *f* goal, objective
meta corporativa *f* corporate goal
meta principal *m* main goal
microeconomía *f* microeconomics
miembro *m* member
mineral *m* mineral
mínimo minimum
mixto mixed
modernizar to modernize
moneda *f* coin, currency
monetario monetary
monopolio *m* monopoly
monto *m* amount, total, sum
motivar to motivate
motivo *m* motive
movible movable
multa *f* fine
multinacional multinational
multiplicar to multiply
multitud *f* multitude
mundial worldwide
mundo de negocios *m* business world
municipal municipal

N

nacional national
necesidad *f* necessity
necesitado *m* needy, poor
necesitar to need
negar to deny
negativo negative

negociable   negotiable
negociación f   negotiation
negociante m or f   merchant
negociar   to negotiate
negocio m   business
neto   net
nivel m   level
nivel de administración m   administrative level
nivel de producción m   production level
nivel de vida m   standard of living
nombrar   to name
norma f   norm
normal   normal
numeroso   numerous

O

objetivo m   objective
obligación f   obligation
obligar   to force, oblige
obligatorio   obligatory
obrero m   laborer, worker
obsoleto   obsolete
obtener   to obtain
obvio   obvious
ocupación f   occupation
ocuparse de   to deal with, look after
ocurrencia f   occurrence
ocurrir   to occur
oferta f   offer, supply
oficial m   officer
oficina f   office
oficio m   job, profession
oligopolio m   oligopoly
operación f   operation
operador de máquinas m   machine operator
operar   to operate
oportunidad f   opportunity
orden m or f   order
orden de la corte f   court order
oro m   gold

P

pagar   to pay
pagaré m   promissory note
pago m   payment
pago de arrendamiento m   lease payment, rent payment

pago de impuestos m   tax payment
país en vías de desarrollo m   developing country
pánico m   panic
papel m   role
papel primordial m   fundamental role
papeleo m   paperwork
parte f   part; m   party
participación f   participation
participante m or f   participant
participar   to participate
partido político m   political party
pasivos m pl   liabilities
pasivos circulantes m pl   current liabilities
pasivos corrientes m pl   current liabilities
pasivos devengados m pl   accrued liabilities
pasivos financieros m pl   financial liabilities
paso m   step
patrimonio neto m   net worth
patrón m   boss, employer; pattern
patrones de consumo m pl   consumer (consumption) patterns
pedir prestado   to borrow
pensión f   pension
pensionado m or f   pensioner
perder   to lose
pérdida f   loss
pérdida de capital f   capital loss
pérdida ordinaria f   ordinary loss
período m   period
período de recuperación m   payback period
perjudicar   to harm, injure, damage
permanecer   to remain
persona jurídica f   corporate body, legal entity
personal   personal
pertenecer   to belong
petróleo m   oil, petroleum
piquete m   picket
pirámide f   pyramid
plan m   plan
plan de reorganización m   reorganization plan
planificación f   planning
planificación a corto plazo f   short-term planning

planificación a largo plazo *f*   long-term planning
planificación gubernamental *f* government planning
planificar   to plan
planta *f*   plant (factory)
plata *f*   silver
plazo *m*   period of time
población *f*   population
población activa *f*   work force
pobre   poor
poder *m*   power
policía *f*   police
política *f*   policy
política de impuestos *f*   tax policy
política económica *f*   economic policy
política fiscal *f*   fiscal policy
política monetaria *f*   monetary policy
póliza *f*   policy (insurance)
póliza de vida *f*   life insurance policy
poner en venta   to put up for sale
por adelantado   in advance
porcentaje *m*   percentage
porción *f*   portion
pormenorizar   to itemize
portador *m*   bearer
portador de intereses *m*   interest-bearing
poseedor *m*   bearer
posibilidades de producción *f pl* production possibilities
potencial   potential
precio *m*   price
precio de venta *m*   sale price
preciso   precise, accurate
predecir   to predict
preferencia *f*   preference
preferencial   preferred (stock)
preferir   to prefer
presidente *m*   president
prestador *m*   lender
préstamo *m*   loan
prestar   to lend
presupuestación *f*   budgeting
presupuestación de capital *f*   capital budgeting
presupuestado   budgeted
presupuestario   budgetary
presupuesto *m*   budget
presupuesto de(l) capital *m*   capital budget

presupuesto estatal *m*   state budget
presupuesto federal *m*   federal budget
presupuesto local *m*   local budget
prever   to foresee
previo aviso *m*   advance notice
prima *f*   premium
primitivo   primitive
primordial   fundamental, essential
principio de beneficio *m*   benefits-received principle
principio de capacidad de pago *m* ability-to-pay principle
principio de exclusión *m*   exclusion principle
principio de menos probable de ofender *m*   least-likely-to-offend principle
principio de productividad *m* productivity principle
privado   private
privilegio *m*   privilege
proactivar   to prorate
procedente de   coming from
proceso *m*   process
proceso presupuestario *m*   budgetary process
producción *f*   production
producir   to produce
productividad *f*   productivity
producto *m*   product
producto nacional bruto *m*   gross national product
productor *m*   producer
profesional   professional
programa de incentivo *m*   incentive program
progresivo   progressive
promediar   to average
prometer   to promise
promoción *f*   promotion
pronosticar   to forecast
pronóstico *m*   forecast
propiedad *f*   property, ownership
propiedad individual *f*   individual ownership, sole proprietorship
propiedad privada *f*   private property
propietario *m*   proprietor, owner
proponer   to propose
proporción *f*   proportion
proporcionalmente   proportionally

propósito *m*   purpose
propuesta *f*   proposal
prosperidad *f*   prosperity
protección *f*   protection
proteccionismo *m*   protectionism
proteger   to protect
protestar   to protest
proveedor *m*   provider
proveer   to provide
provisión *f*   provision
proyección *f*   projection
proyección de costo *f*   cost projection
proyección de inversiones *f*   investment projection
proyección de ventas *f*   sales projection
proyectar   to project
proyecto *m*   project
publicidad *f*   advertising
publicista *m* or *f*   publicist, advertising agency
público   public
puesto *m*   job, position
punto *m*   point
punto de equilibrio *m*   breakeven point
puro   pure

Q
quiebra *f*   bankruptcy

R
radical   radical
rama *f*   branch, division
razón *f*   ratio; reason
razonable   reasonable
razones de actividad *f pl*   activity ratios
razones de apalancamiento *f pl*   leverage ratios
razones de crecimiento *f pl*   growth ratios
razones de liquidez *f pl*   liquidity ratios
razones de rentabilidad *f pl*   profitability ratios
razones financieras *f pl*   financial ratios
rebajar   to reduce
recaudar   to collect
recesión *f*   recession
recomendación *f*   recommendation
recuperación *f*   recuperation, recovery
recuperación de costo *f*   cost recovery, payback

recuperar   to recuperate, recover
recurrir   to turn to, appeal
recurso *m*   resource
recursos de producción *m pl*   production resources
recursos económicos *m pl*   economic resources
recursos humanos *m pl*   human resources
recursos naturales *m pl*   natural resources
rechazar   to reject
redistribución *f*   redistribution
redistribución de la renta *f*   income redistribution
redistribuir   to redistribute
reducción *f*   reduction
reducir   to reduce
reemplazar   to replace
reestructuración *f*   restructuring
reestructurar   to restructure
reflejar   to reflect
regla *f*   rule
reglamentación *f*   regulation, rule
regresivo   regressive
regular   to regulate
regulatorio   regulatory
relacionarse   to be related
remediar   to remedy
rendimiento *m*   return, yield
rendimiento sobre la inversión *m*   return on investment
rendimiento sobre los activos *m*   return on assets
rendir   to yield
rendir cuentas   to account for, be accountable
renegociar   to renegotiate
renovable   replaceable, renewable
renovar   to replenish, renew
renta *f*   income, earnings
renta media *f*   mean income, average income
rentabilidad *f*   profitability
rentable   profitable
rentas corporativas *f pl*   corporate income
rentas personales *f pl*   personal income
reorganización *f*   reorganization
repartir   to share, distribute
repositorio *m*   repository

requerir   to require
requisito *m*   requirement
requisito de reservas *m*   reserve
   requirement
reserva *f*   reserve
resolución *f*   resolution
resolver   to resolve
responsabilidad *f*   responsibility
responsabilizarse   to be responsible
responsable   responsible
restar   to subtract
resultado *m*   result
resultar   to result
retener   to keep, retain
retirado   retired
retirar   to withdraw, remove
retirarse   to retire
retiro *m*   withdrawal; retirement
retiro de la deuda *m*   deduction from the
   principal (debt)
reunión *f*   meeting
reunir   to combine, join together
revisar   to review
revisión *f*   revision, review
riesgo *m*   risk

S

sacrificar   to sacrifice
sacrificio *m*   sacrifice
salario *m*   salary
salario mínimo *m*   minimum wage
saldo *m*   balance
satisfacción *f*   satisfaction
satisfacer   to satisfy
secretario *m*   secretary
sector *m*   sector
sector privado *m*   private sector
seguro *m*   insurance
seguro médico *m*   medical insurance
Seguro Social *m*   Social Security
seleccionar   to choose
semejante   similar
sencillo   simple
sentido *m*   sense
separado   separated, separate
serie *f*   series
servicio *m*   service; department
significativo   significant
similar   similar

sindicato *m*   union
sinergía *f*   synergy
sistema *m*   system
Sistema de la Reserva Federal *m*
   Federal Reserve System
sistema político *m*   political system
sobrar   to be left over
sobre el mostrador   over-the-counter
sobrevivir   to survive
socialismo *m*   socialism
sociedad anónima *f*   corporation
sociedad colectiva *f*   partnership
socio *m*   partner
someter   to submit
sostener   to support
subárea *f*   subarea
subida *f*   rise, increase
subir   to increase, go up
subsidiario *m*   subsidiary
subsidio *m*   subsidy
sucursal *f*   branch (office)
sueldo *m*   salary
sugerir   to suggest
sujeto a   subject to
suma *f*   sum, total
sumar   to add up
superávit *m*   surplus, superavit
supervisor *m*   supervisor
suponer   to suppose
surtido *m*   selection, array
sustituir   to substitute
sustitutivo *m*   substitute
sustituto *m*   substitute

T

taller *m*   shop
taller cerrado *m*   closed shop
taller sindicado *m*   union shop
tamaño *m*   size
tardar   to be late, delay
tarjeta de crédito *f*   credit card
tasa *f*   rate
tasa de cambio *f*   exchange rate
tasa de cupón *f*   coupon redemption rate
tasa de descuento *f*   discount rate
tasa de desempleo *f*   unemployment rate
tasa de impuesto *f*   tax rate
tasa de inflación *f*   inflation rate
tasa de interés *f*   interest rate

tasa de interés preferencial *f*   preferred
   interest rate
tasa de mortalidad *f*   death rate
tasa de ocupación *f*   employment rate
tasa de rendimiento *f*   rate of return
tasa interna de rendimiento *f*   internal
   rate of return
técnico *m*   technician
técnico   technical
tecnología *f*   technology
teléfono *m*   telephone
télex *m*   telex
temporero   temporary
tendencia *f*   tendency, trend
tenedor *m*   holder, bearer, bookkeeper
tenedor de libros *m*   bookkeeper
tener en mente   to keep in mind
tener éxito   to be successful
teoría *f*   theory
tercero *m*   third party
terminante   conclusive, final
terreno *m*   land
tesorero *m*   treasurer
tipo *m*   type, rate
tipo de cambio *m*   exchange rate
tipo de cambio fijo *m*   fixed rate of
   exchange
tipo de cambio libremente fluctuante *m*
   free-floating rate of exchange
título *m*   bond
título corporativo *m*   corporate bond
título del gobierno *m*   government bond
toma de decisiones *f*   decision making
toma de decisiones financieras *f*
   financial decision making
total *m*   total
totalidad *f*   totality
trabajador *m*   worker
transacción *f*   transaction
transferencia *f*   transfer
transferencia en efectivo *f*   cash transfer
transferencia en especie *f*   transfer in
   kind
transferir   to transfer
transformación *f*   transformation
transformar   to transform
transportar   to transport

transporte *m*   transportation
trasladar   to move, relocate
tributo *m*   tax
trimestralmente   quarterly

U

unidad *f*   unit
unidad de propiedad *f*   unit of ownership
unificación *f*   unification
unión *f*   union
unirse   to join
usar   to use
útil   useful
utilidad bruta *f*   gross margin
utilidades *f pl*   profits, earnings, gains,
   income
utilidades por acción *f pl*   earnings per
   share
utilidades retenidas *f pl*   retained
   earnings
utilizar   to utilize, use

V

valer   to be worth
valor *m*   value
valor actual *m*   present value
valor del dinero a través del tiempo *m*
   time value of money
valor de mercado *m*   market value
valor de salvamento *m*   salvage value
valor en efectivo *m*   cash value
valor futuro *m*   future value
valor nominal *m*   face value
valor presente *m*   present value
valor presente neto *m*   present net value
valor temporal *m*   temporary value, time
   value
valores negociables *m pl*   negotiable
   instruments
variable   variable
variación *f*   variation
variar   to vary
vencer   to come due
vendedor *m*   sales representative, seller
venta *f*   sale
ventaja *f*   advantage
ventas netas *f pl*   net sales

vicepresidencia *f*   vice-presidency
vicepresidente *m* or *f*   vice-president
vicepresidente de finanzas *m*   vice-president of finance
vicepresidente de ventas *m*   vice-president of sales

vivienda *f*   housing
vivienda con subsidio *f*   subsidized housing
volumen *m*   volume
votar   to vote

ENGLISH-SPANISH VOCABULARY

A

ability   la capacidad, la habilidad
ability-to-pay principle   el principio de capacidad de pago
accept   aceptar
acceptable   aceptable
account   la cuenta
account for   rendir cuentas
accountant   el (la) contable, el (la) contador(a)
accounting   la contabilidad
accounting department   el departamento de contabilidad
accounting statement   el estado contable
accounts payable   las cuentas por pagar
accounts receivable   las cuentas por cobrar
accrued   devengado
accrued liabilities   los pasivos devengados
accumulate   acumular
accumulated   acumulado
accurate   preciso
acquire   adquirir
acquisition   la adquisición
activity   la actividad
add   añadir
add up   sumar
adequate   adecuado
adjust   ajustar
adjusted gross income   el ingreso bruto ajustado
adjustment   el ajuste
administer   administrar
administration   la administración
administrative   administrativo
administrative expenses (costs)   los gastos (costos) de administración

administrative level   el nivel de administración
administrator   el administrador
advance   el avance
advance notice   el previo aviso
advanced   avanzado
advantage   la ventaja
advertising   la publicidad; publicitario
affect   afectar
affiliate   el afiliado
affiliated   afiliado
affiliation   la afiliación
agree   estar de acuerdo
agreement   el acuerdo
agriculture   la agricultura
alternative   la alternativa
amount   el monto
analysis   el análisis
analysis of breakeven point   el análisis del punto de equilibrio
analyze   analizar
annotation   la anotación
annuity   la anualidad
annul   anular
anticipate   anticipar
appeal   recurrir
appear   figurar
application   la aplicación
appreciate   apreciar
appreciated   apreciado
approve   aprobar, dar por bueno
approximate   aproximarse
artisan   el artesano
ascending   ascendente
assets   los activos
assist   asistir, ayudar
assistance   la asistencia
assume   asumir

assure   asegurar
at par   a la par
at random   al azar
attend   asistir
austerity   la austeridad
austerity measure   la medida de austeridad
authoritarian   autoritario
authoritarian economy   la economía autoritaria
authorization   la autorización
automobile industry   la industria automovilística
availability   la disponibilidad
available   disponible
available funds   los fondos disponibles
average   promediar
average income   la renta media
avoid   evitar

B

backward   atrás
balance   el balance, el saldo; el equilibrio
balance of payments   la balanza de pagos
balance sheet   la hoja de balance
bank   el banco
banking   la banca; bancario
bankruptcy   la quiebra
base   la base
base   basarse
basic   básico
be accountable for   rendir cuentas
be equivalent   equivaler
be late   tardar
be left over   sobrar
be responsible   responsabilizarse
be successful   tener éxito
be worth   valer
bearer   el portador, el tenedor
become affiliated   afiliarse
behave   comportarse
behavior   el comportamiento
belong   pertenecer
benefit   beneficiar
benefit   el beneficio
bill   el billete; la factura
bill   facturar
billing   la facturación
block   contrarrestar

board   la junta
Board of Directors   la junta de directores (directiva)
bond   el bono, el título
borrow   pedir prestado
borrower   el deudor
boss   el jefe, el patrón
bottom   el fondo
bottom-up   abajo para arriba
boycott   boicotear
branch   la rama
branch (office)   la sucursal
brand   la marca
breakeven point   el punto de equilibrio
budget   el presupuesto
budgetary   presupuestario
budgetary deficit   el déficit presupuestario
budgetary process   el proceso presupuestario
budgeted   presupuestado
budgeting   la presupuestación
business   el negocio, el comercio
business cycle   el ciclo comercial
business enterprise   la empresa comercial
business firm   el ente comercial, la empresa
business world   el mundo de los negocios
buyer   el comprador
by means of   mediante

C

calculate   calcular
calculation   el cálculo
cancel   anular, cancelar
capable   capaz
capacity   la capacidad
capital   el capital
capital account   la cuenta de capital
capital assets   los activos de capital
capital budget   el presupuesto de(l) capital
capital budgeting   la presupuestación de capital
capital gains   las ganancias de capital
capitalism   el capitalismo
carry out   efectuar
carry with it   conllevar
case   el caso
cash   el efectivo, el dinero en efectivo

cash (a check)   cobrar
cash flow   el flujo de efectivo
cash-flow analysis   el análisis del flujo de efectivo
cash transfer   la transferencia en efectivo
cash value   el valor en efectivo
categorize   categorizar
cause   efectuar, causar
cent   el centavo
centralized   centralizado
certificate of deposit (CD)   el certificado de depósito
change   el cambio
characterize   caracterizar(se)
charge   cobrar
charity   la caridad
check   el cheque
checking account   la cuenta corriente
chief   el jefe
chief executive officer (CEO)   el funcionario ejecutivo principal
choose   escoger, seleccionar
circulate   circular
circulation   la circulación
circumstance   la circunstancia
citizen   el ciudadano
claim   la demanda
classify   clasificar
client   el (la) cliente
closed shop   el taller cerrado
closing   el cierre
coin   la moneda
collect   recaudar
collection   el conjunto
combat   combatir
combination   el conjunto
combine   combinar, juntar, reunir
come due   vencer
coming from   procedente de
commercial   comercial
commercial bank   el banco comercial
commission   la comisión
commodities   las mercancías
Commodities Market   el Mercado de Comercio
commodity money   el dinero-mercancía
common stock   la acción común
communication   la comunicación
communism   el comunismo

company   la compañía, la empresa
compare   comparar
compensate   compensar
compete   competir
competence   la competencia
competition   la competencia
competitive   competitivo
competitiveness   la competividad
competitor   el competidor
complementary   complementario
complicated   complicado
compound interest   el interés compuesto
compute   computar
computer   la computadora, el ordenador
concede   conceder
concept   el concepto
conclusive   terminante
condition   la condición
confront   confrontar, enfrentarse
confused   confuso
conglomerate   el conglomerado
conjecture   la conjetura
consent   consentir
conserve   conservar
consider   considerar
consolidation   la consolidación
constant   constante
constitute   constituir
construct   construir
construction   la construcción
consume   consumir
consumer   el consumidor
consumption   el consumo
consumption patterns   los patrones de consumo
contract   el contrato
contract   contratar
contrast   contrastar
contribute   contribuir
contribution   la contribución
control   controlar
control   el control
controller   el contralor
convince   convencer
coordinate   coordinar
coordination   la coordinación
corporate   corporativo
corporate body   la persona jurídica
corporate bond   el título corporativo

corporate goal   la meta corporativa
corporate income   las rentas corporativas
corporate tax   el impuesto corporativo
corporation   la corporación, la sociedad
   anónima
cost   costar
cost   el costo, el gasto
cost of capital   el costo de capital
cost of goods sold   el costo de bienes
   vendidos
cost of opportunity   el costo de
   oportunidad
cost projections   las proyecciones de
   costo
counteract   contrarrestar
country   el campo
coupon   el cupón
coupon redemption rate   la tasa de cupón
court   la corte
court order   la orden de la corte
cover   cubrir
credit   el crédito
credit card   la tarjeta de crédito
credit union   la asociación cooperativa de
   crédito
creditor   el acreedor
crisis   la crisis
criteria   el criterio
critical   crítico
crude oil   el (petróleo) crudo
current assets   los activos circulantes
   (corrientes)
current liabilities   los pasivos circulantes
   (corrientes)
current year   el año corriente
curve   la curva
customer   el (la) cliente
customs   la aduana
cycle   el ciclo
cyclical   cíclico
cyclical unemployment   el desempleo
   cíclico

D
daily   diario
damage   causar daño, hacer daño,
   perjudicar
day-to-day account   la cuenta a la vista
deal with   ocuparse de

death rate   la tasa de mortalidad
debentures   los documentos por pagar
debt   la deuda
debtor   el deudor
decide   decidir
decision   la decisión
decision making   la toma de decisiones
decrease   bajar, disminuir
decrease   la baja, la disminución
dedicate   dedicar
dedication   la dedicación
deduct   deducir
deductible   deducible
deduction   la deducción
deduction from the principal (debt)   el
   retiro de la deuda
defend   defender
defense   la defensa
deficit   el déficit
define   definir
delay   la demora
delay   tardar
delayed payments   la demora en los
   pagos
deliver   entregar
demand   la demanda
demand account   la cuenta a la vista
demand curve   la curva de demanda
deny   negar
department   el departamento
department head   el jefe de
   departamento
dependent   dependiente
deposit   depositar, hacer un depósito
deposit   el depósito
depositor   el (la) depositante
depreciate   depreciar
depreciation   la depreciación
depression   la depresión
descending   descendente
describe   describir
deserve   merecer
destruction   la destrucción
detailed   detallado
determine   determinar
devaluate   devaluar
devaluation   la devaluación
devalued   devaluado
developing   en vías de desarrollo

developing country   el país en vías de desarrollo
development   el desarrollo
deviation   la desviación
devote   dedicar
difference   la diferencia
differentiate   diferenciar
direct   dirigir
direction   la dirección
director   el director
disadvantage   la desventaja
disaster   el desastre
discount   el descuento
discount   descontar
discount rate   la tasa de descuento
disposition   la disposición
dissolution   la disolución
dissolve   disolver
distribute   distribuir
distribution   la distribución
distributor   el distribuidor
diversify   diversificar
divide   dividir
dividend   el dividendo
divisible   divisible
division   la división; la rama
document   el documento
documentation   la documentación
dollar   el dólar
domestic   doméstico
domicile   el domicilio
dominant   dominante
double   el doble
due date   la fecha de vencimiento
duty   los aranceles

E

earn   ganar
earning   el ingreso, la renta, la utilidad
earnings per share   las utilidades por acción
economic behavior   los comportamientos económicos
economic failure   el fracaso económico
economic growth   el crecimiento económico
economic policy   la política económica
economic resources   los recursos económicos

economics   la economía
economist   el (la) economista
economy   la economía
educate   educar
education   la educación
effect   el efecto
efficiency   la eficiencia
efficient   eficiente, eficaz
elect   elegir
electricity   la electricidad
elevated   elevado
eliminate   eliminar
employ   emplear
employee   el empleado
employer   el patrono
employment   el empleo
employment rate   la tasa de ocupación
energy   la energía
energy source   la fuente de energía
enjoy   gozar
enterprise   la empresa
entity   el ente, la entidad
entrance   la entrada
entrepreneurial   empresarial
environment   el ámbito, el medio ambiente
epoch   la época
equal   igual
equilibrium   el equilibrio
equipment   el equipo
equity   el capital común, el capital contable
equivalence   la equivalencia
era   la época
essential   primordial
establish   establecer
establishment   el establecimiento
evaluate   evaluar
evaluation   la evaluación
exchange   intercambiarse
exchange rate   la tasa de cambio, el tipo de cambio
excise tax   los aranceles
exclusion principle   el principio de exclusión
exemption   la exención
exercise   ejercer
exercise   el ejercicio
exhaustible   agotable

exist existir
existence la existencia
expansion la expansión
expenses los gastos
expensive caro
explain explicar
export exportar
exportation la exportación
exporter el exportador
exporting la exportación
externalities las externalidades
extreme el extremo

F

face enfrentarse
face value el valor nominal
facilitate facilitar
facsimile (FAX) el facsímil, el facsímile
factor el factor
factor market el mercado de factores
factory la fábrica
failure el fracaso
fall la baja
farm la finca, la granja
farmer el agricultor
farming la agricultura
Fascism el fascismo
favor favorecer
federal federal
federal budget el presupuesto federal
federal government el gobierno federal
federal funds los fondos federales
federal (government) bond el bono (título) federal
Federal Reserve System el Sistema de la Reserva Federal
federal tax el impuesto federal
federal taxes to be paid la provisión para impuestos federales
ferocious feroz
file suit demandar
final terminante
finance financiar
finances las finanzas
financial financiero
financial assets los activos financieros
financial data los datos financieros

financial decision making la toma de decisiones financieras
financial failure el fracaso financiero
financial liabilities los pasivos financieros
financial market el mercado financiero
financial matters los asuntos financieros
financial operations las operaciones financieras
financial ratios las razones financieras
financial statement el estado financiero
financing el financiamiento
fine la multa
fiscal fiscal
fiscal policy la política fiscal
fix fijar
fixed fijo
fixed assets los activos fijos
fixed costs los costos fijos
fixed income el ingreso fijo
fixed rate of exchange el tipo de cambio fijo
flow el flujo
flow fluir
fluctuate fluctuar
fluctuating fluctuante
fluctuation la fluctuación
focus el enfoque
focus enfocar
food stamp el cupón de alimentación
force obligar
forecast el pronóstico
forecast pronosticar
foreign extranjero
foreign aid la ayuda exterior
foreign currencies las divisas
foreign exchange el cambio de divisas
foreign exchange market el mercado de divisas
foreigner el extranjero
foreman el capataz
foresee prever
formality la formalidad
format el formato
forward adelante
found fundar
foundation la fundación

free gratuito
free-floating libremente fluctuante
free-floating rate of exchange el tipo de cambio libremente fluctuante
free market el mercado libre
free trade el comercio libre
frictional unemployment el desempleo friccional
fulfill cumplir
function funcionar
function la función
functioning el funcionamiento
fund el fondo
fundamental primordial
fundamental role el papel primordial
future value el valor futuro

G

gains las ganancias, las utilidades
general balance el balance general
general partnership la asociación general
give over dedicar
go down bajar
go on strike ir a huelga
go up subir
goal la meta
gold el oro
goods los bienes
goods and services los bienes y servicios
government el gobierno
government bond el título del gobierno
government regulations las reglamentaciones gubernamentales
governmental gubernamental
governmental agency la agencia gubernamental
governmental intervention la intervención gubernamental
governmental planning la planificación gubernamental
grant conceder
graph la gráfica
gratuitous gratuito
gross bruto
gross income el ingreso bruto
gross margin la utilidad bruta, el margen bruto

gross national product el producto nacional bruto
gross operating income el ingreso bruto en operación
growth el crecimiento

H

hand over entregar
harm causar daño, hacer daño, perjudicar
help la ayuda
highs los altos
highway la autopista
hire contratar
holder el portador, el tenedor
holding company la compañía tenedora, el holding
hostile hostil
housing la vivienda
human humano
human resources los recursos humanos
hyperinflation la hiperinflación

I

identify identificar
ideology la ideología
illegal ilegal
illiteracy el analfabetismo
imbalance el desequilibrio
impact el impacto
implement implementar
import la importación
import importar
importation la importación
importer el importador
importing la importación
impose imponer
improve mejorar
improvement el mejoramiento
in advance de antemano, por adelantado
in charge encargado
in circulation en circulación
incentive program el programa de incentivo
income los ingresos, las ganancias, las rentas, las utilidades
income redistribution la redistribución de la renta

incorporate   incorporar
incorporated   incorporado
increase   aumentar, incrementar, subir
increase   el alza, el aumento, el
   incremento, la subida
increment   el incremento
independent   independiente
individual   el individuo
individual   individual
individual ownership   la propiedad
   individual
individual retirement account (IRA)   la
   cuenta individual de retiro
individually owned enterprise   la
   empresa de propiedad individual
industrialist   el (la) industrial
industrialized   industrializado
industry   la industria
inequality   la desigualdad
inflation   la inflación
inflation rate   la tasa de inflación
influence   influir
inform   informar
information   la información
infrastructure   la infraestructura
inhabitant   el (la) habitante
initial outlay   el desembolso inicial
injure   causar daño, hacer daño,
   perjudicar
installation   la instalación
installment   el abono; a plazos
instantly   al instante
institution   la institución
instruct   instruir
instruction   la instrucción
insurance   el seguro
insurance company   la compañía de
   seguros
insure   asegurar
insured   asegurado
insured person   el asegurado
intensity   la intensidad
interaction   la interacción
interest   el interés
interest-bearing   portador de intereses
interest expenses (costs)   los gastos de
   intereses
interest rate   la tasa de interés
interfere   interferir

intermediary   el intermediario
internal rate of return   la tasa interna de
   rendimiento
international   internacional
international trade   el comercio
   internacional
intervene   intervenir
intervention   la intervención
invention   el invento, la invención
inventory   el inventario
invest   invertir
investment   la inversión
investor   el (la) inversionista
issue   emitir
item   el ítem
itemize   pormenorizar

J

job   el empleo, el oficio, el puesto
join   juntar, unirse; afiliarse
join together   reunir
judicial   jurídico

K

keep   retener
keep in mind   tener en mente

L

labor market   el mercado laboral
laborer   el obrero
lack   la falta
land   el terreno
last   durar
law of demand   la ley de la demanda
law of supply   la ley de la oferta
lead   conducir
lease payments   los pagos de
   arrendamiento
least-likely-to-offend principle   el
   principio de menos probable de ofender
legal   jurídico, legal
legal entity   la persona jurídica
legal tender   el dinero de curso legal
lend   prestar
lender   el prestador
level   el nivel
liabilities   los pasivos, los derechos sobre
   los activos
life expectancy   la esperanza de vida

life insurance policy   la póliza de vida
like   el gusto
limit   el límite
limit   limitar
limitation   la limitación
limited   limitado
limited partnership   la asociación
   limitada
liquid   líquido
liquidate   liquidar
liquidation   la liquidación
liquidity   la liquidez
liquidity ratio   la razón de liquidez
loan   el préstamo
loan company   la compañía de préstamos
lodging   el albergue
long-term   a largo plazo
long-term bond   el bono a largo plazo
long-term earnings (income)   las
   ganancias a largo plazo
long-term planning   la planificación a
   largo plazo
look after   ocuparse de
look for   buscar
lose   perder
loss   la pérdida
loss of capital   la pérdida de capital
lower   bajar
lows   los bajos
luxury   el lujo
luxury article   el artículo de lujo

M
machine   la máquina
machine operator   el operador de
   máquinas
machinery   la maquinaria
macroeconomics   la macroeconomía
main goal   la meta principal
maintain   mantener
maintaining   el mantenimiento
maintenance   el mantenimiento
majority   la mayoría
make a deposit   hacer un depósito
malnutrition   la desnutrición
manage   administrar, manejar
management   la administración, la
   dirección; la gerencia
manager   el administrador

managerial   gerencial, empresarial
managerial hierarchy   la jerarquía
   empresarial
managerial manpower   la mano de obra
   gerencial
manipulate   manipular
manipulation   la manipulación
manpower   la mano de obra
manufacture   fabricar, manufacturar
manufacture   la manufactura
manufactured   fabricado
manufactured resources   los recursos
   fabricados
manufacturer   el (la) fabricante
manufacturing   fabril
market   el mercado
market value   el valor de mercado
marketing   la comercialización, el
   mercadeo, el marketing
material   el material
matter   el asunto
maximization   la maximización
maximization of profit   la maximización
   de los beneficios
maximization of value   la maximización
   del valor
maximize   maximizar
maximum   el máximo, la maximización
mean income   la renta media
means of exchange   el medio de
   intercambio
means of production   los medios de
   producción
means of transportation   los medios de
   transporte
mechanical   mecánico
mechanism   el mecanismo
medical insurance   el seguro médico
meeting   la reunión
member   el miembro, el afiliado
merchant   el (la) negociante, el mercader
merger   la fusión
merit   merecer
microeconomics   la microeconomía
mineral   el mineral
minimum   mínimo
minimum wage   el salario mínimo
mixed   mixto
mixed economy   la economía mixta

modernize modernizar
monetary monetario
monetary policy la política monetaria
monopoly el monopolio
monthly mensual
mortgage la hipoteca
mortgage bond el bono de hipoteca
motivate motivar
motive el motivo
movable movible
move trasladar
multinational multinacional
multiply multiplicar
multitude la multitud
municipal municipal
municipal bond el bono municipal
mutual funds los fondos mutualistas

N

name nombrar
national nacional
national debt la deuda pública
national defense la defensa nacional
natural resources los recursos naturales
necessity la necesidad
need necesitar
needy el necesitado
negative negativo
negotiable negociable
negotiable instruments los valores negociables
negotiate negociar
negotiation la negociación
net neto
net income el ingreso neto
net operating income el ingreso neto en operación
net sales las ventas netas
net worth el patrimonio neto, el valor neto
nonprofit de fines no lucrativos
nonprofit organization la corporación de fines no lucrativos
norm la norma
normal normal
notes payable los documentos por pagar
numerical figure la cifra
numerous numeroso

O

objective la meta, el objetivo
obligation el gravamen, la obligación
obligatory obligatorio
oblige obligar
obsolete obsoleto
obtain adquirir, obtener, conseguir
obvious obvio
occupation la ocupación
occur ocurrir
occurrence la ocurrencia
offer la oferta
office la oficina
officer el funcionario, el oficial
oil el petróleo
oligopoly el oligopolio
open market el mercado libre
open-market economy la economía de libre mercado
operate funcionar, operar
operating cost el costo de operaciones
operating expenses (costs) los gastos de operación
operation la operación
opportunity la oportunidad
opportunity cost el costo de oportunidad
order el orden
ordinary income el ingreso ordinario
ordinary loss la pérdida ordinaria
over-the-counter sobre el mostrador
overhead expenses (costs) los gastos generales
owe deber
owner el dueño, el poseedor, el propietario
ownership la propiedad

P

panic el pánico
paper money el dinero-papel
paperwork el papeleo
parent company la compañía matriz
part la parte
participant el (la) participante
participate participar
participation la participación
partner el socio

partnership   la asociación, la sociedad colectiva
party   la parte
pattern   el patrón
pay   pagar
payback   la recuperación de costo
payback period   el período de recuperación
payment   el pago
peak   la cima
pension   la pensión
pension fund   el fondo de pensión
pensioner   el pensionado
percentage   el porcentaje
period   el período
period of time   el plazo
personal   personal
personal income   el ingreso personal, las rentas personales
phase   la fase
physical   físico
physical capital   el capital físico
picket   el piquete
picket line   la fila de piquetes
plan   el plan
plan   planificar
planning   la planificación
plant (factory)   la planta
play a role   desempeñar un papel
point   el punto
police officer   el (la) policía
policy   la política
policy (insurance)   la póliza
political party   el partido político
political system   el sistema político
poor   pobre
poor   el necesitado
population   la población
portion   la porción
position   el puesto
potential   potencial
pound sterling   la libra esterlina
power   el poder
precise   preciso
predict   predecir
prefer   preferir
preference   la preferencia

preferred interest rate   la tasa de interés preferencial
preferred stock   la acción preferencial
premium   la prima
present net value   el valor presente neto
present value   el valor actual, el valor presente
president   el presidente
price   el precio
primary market   el mercado primario
primitive   primitivo
private   privado
private property   el bien privado, la propiedad privada
private sector   el sector privado
privately owned corporation   la corporación privada, la empresa de propiedad individual
privilege   el privilegio
process   el proceso
produce   producir
producer   el productor
product   el producto
product market   el mercado de productos
production   la producción
production area   el área de producción
production cost   el costo de producción
production factors   los factores de producción
production level   el nivel de producción
production possibilities   las posibilidades de producción
productivity   la productividad
productivity principle   el principio de productividad
profession   el oficio, la profesión
professional   profesional
profit   el beneficio, la ganancia, la utilidad
profit and loss   las ganancias y pérdidas
profit and loss statement (P&L)   el estado de resultados
profit maximization   la maximización de los beneficios
profitability   la rentabilidad
profitability ratio   la razón de rentabilidad
profitable   rentable

pro forma profit and loss statement el estado de resultados presupuestado
progressive progresivo
progressive tax el impuesto progresivo
project el proyecto
project proyectar
projection la proyección
promise prometer
promissory note el pagaré
promotion la promoción
property la propiedad
proportion la proporción
proportional tax el impuesto proporcional
proportionally proporcionalmente
proposal la propuesta
propose proponer
proprietor el propietario
proprietorship la propiedad
prorate proactivar
prosperity la prosperidad
protect proteger
protection la protección
protectionism el proteccionismo
protest protestar
provide proveer
provider el proveedor
provision la provisión
proxy el apoderado
public público
public assistance la asistencia pública
public debt la deuda pública
public property el bien público
purchase la compra
pure puro
purpose el propósito
put on sale poner en venta
pyramid la pirámide

Q

qualify calificar
quality la calidad
quantity la cantidad
quarterly trimestralmente
question la cuestión
quota la cuota

R

radical radical
rate la tasa, el tipo

rate of return la tasa de rendimiento
ratio la razón
raw material la materia prima
reach alcanzar
ready disponible, dispuesto
real estate los bienes raíces
real estate agency la agencia de bienes raíces
reason la razón
reasonable razonable
recession la recesión
recommendation la recomendación
recover recuperar
recovery la recuperación
recuperate recuperar
recuperation la recuperación
redistribute redistribuir
redistribution la redistribución
reduce rebajar, reducir
reduction la reducción
reflect reflejar
regressive regresivo
regulate regular
regulations las reglamentaciones
regulatory regulatorio
regulatory agency la agencia regulatoria
reject rechazar
relate relacionar(se)
relocate trasladar
remain permanecer
remedy remediar
renegotiate renegociar
renew renovar
renewable renovable
rent payment el pago de arrendamiento
reorganization la reorganización
reorganization plan el plan de reorganización
replace reemplazar
replenish renovar
replenishable renovable
report informar(se)
repository el repositorio
require requerir
requirement el requisito
reserve la reserva
reserve deposit el depósito de reserva
reserve requirement el requisito de reservas

resolution   la resolución
resolve   resolver
resource   el recurso
responsibility   la responsabilidad
responsible   responsable
restructure   reestructurar
restructuring   la reestructuración
result   el resultado
result   resultar
retail   al detal
retained earnings   las utilidades retenidas
retire   jubilarse, retirarse
retired   jubilado, retirado
return   devolver
return   el rendimiento
return on assets   el rendimiento sobre los activos
return on investment   el rendimiento sobre la inversión
revenue   el ingreso, la renta
review   revisar
review   la revisión
revision   la revisión
right   el derecho
rise   el alza, el aumento, la subida
risk   el riesgo
role   el papel
rule   la regla
run   dirigir

S

sacrifice   el sacrificio
sacrifice   sacrificar
salary   el salario, el sueldo
sale   la venta
sale price   el precio de venta
sales cost   el gasto de ventas, el costo de ventas
sales department   el departamento de ventas
sales projections   las proyecciones de ventas
sales representative   el vendedor
sales tax   el impuesto sobre ventas
salvage value   el valor de salvamento
satisfaction   la satisfacción
satisfy   satisfacer
save   ahorrar, conservar, guardar
saving   el ahorro
savings account   la cuenta de ahorros

savings and loan institution   la casa de ahorro y crédito, la casa de ahorro y préstamo
savings bank   la caja de ahorros, el banco de ahorros
savings bond   el bono de ahorro
scarce   escaso
scarcity   la escasez
seasonal   de temporada
seasonal unemployment   el desempleo de temporada
secondary market   el mercado secundario
secretary   el secretario
sector   el sector
selection   el surtido
seller   el vendedor
selling expense (cost)   el gasto de ventas, el costo de ventas
sense   el sentido
separate   separado
series   la serie
serious   grave
seriously   gravemente
service   el servicio
set   fijar
share   compartir, repartir
share (of stock)   la acción
shareholder   el (la) accionista
shelter   el albergue
shop   el taller
shortage   la escasez
short-term   a corto plazo
short-term bond   el bono a corto plazo
short-term earnings (income)   las ganancias a corto plazo
short-term planning   la planificación a corto plazo
significant   significativo
silver   la plata
similar   semejante, similar
simple   sencillo
sit-down strike   la huelga de brazos caídos
size   el tamaño
skill   la destreza
slowly   lentamente
Social Security   el Seguro Social
socialism   el socialismo
sole propietorship   la propiedad individual

source   la fuente
source of income   la fuente de ingreso
specialist   el (la) especialista
specialize   especializarse
specific   específico
specify   especificar
spend   gastar
stability   la estabilidad
stabilize   estabilizar
stable   estable
standard   el estándar
standard of living   el nivel de vida
state   el estado
state   estatal
state budget   el presupuesto estatal
state government   el gobierno estatal
statement   el estado
step   el paso
stimulate   estimular
stock   la acción, las existencias, el
   inventario
Stock Market   la Bolsa de Valores, el
   Mercado de Valores
stockbroker   el corredor
stockholder   el (la) accionista
strike   ir a huelga
strike   la huelga
striker   el (la) huelguista
structural unemployment   el desempleo
   estructural
subarea   la subárea
subject to   sujeto a
submit   someter
subsidiary   el subsidiario
subsidiary corporation   la corporación
   subsidiaria
subsidized housing   la vivienda con
   subsidio
subsidy   el subsidio
substitute   el sustitutivo, el sustituto
substitute   sustituir
subtract   restar
suggest   sugerir
sum   el monto, la suma
supervisor   el supervisor
supply   la oferta
support   apoyar, sostener
suppose   suponer
surplus   el superávit

survive   sobrevivir
synergy   la sinergía
system   el sistema

T

take care of   cuidar de
take charge of   encargarse de
tariffs   los aranceles
tax   el impuesto, la contribución,
   el tributo
tax   gravar
tax payment   el pago de impuestos
tax policy   la política de impuestos
tax rate   la tasa de impuesto
taxable   gravable
taxable income   el ingreso gravable
taxpayer   el (la) contribuyente
technical   técnico
technician   el técnico
technological advance   el avance
   tecnológico
technology   la tecnología
telephone   el teléfono
telex   el télex
temporary   temporero, temporal
tendency   la tendencia
theory   la teoría
third party   el tercero
time account   la cuenta a plazo
time period   el plazo
time value   el valor temporal
time value of money   el valor del dinero a
   través del tiempo
token money   el dinero-signo
top-down   arriba para abajo
total   el monto, el total, la suma
totality   la totalidad
toward   hacia
trade   comerciar
trade   el comercio
training   el adiestramiento
transaction   la transacción
transfer   transferir
transfer   la transferencia
transfer in kind   la transferencia en
   especie
transform   transformar
transformation   la transformación
transport   transportar

transportation   el transporte
traveler's check   el cheque de viajero
treasurer   el tesorero
treasury bond   el bono fiscal
trend   la tendencia
turn to   recurrir
type   el tipo

U

uncontrollable   incontrolable
unemployed   desempleado
unemployment   el desempleo
unemployment rate   la tasa de desempleo
unification   la unificación
union   el sindicato, la unión
union affiliation   la afiliación sindical
union shop   el taller sindicado
unit   la unidad
unit of ownership   la unidad de propiedad
unlimited   ilimitado
use   emplear, usar, utilizar
useful   útil
utilize   utilizar

V

value   el valor
value maximization   la maximización del
   valor
value measurement   la medida de valor

variable   variable
variable cost   el costo variable
variation   la variación
vary   variar
vice-presidency   la vicepresidencia
vice-president   el (la) vicepresidente
vice-president of finance   el (la)
   vicepresidente de finanzas
vice-president of sales   el (la)
   vicepresidente de ventas
void   anular
volume   el volumen
vote   el voto
vote   votar

W

welfare   la asistencia pública
wholesale   al por mayor
wide   ancho
withdraw   retirar
withdrawal   el retiro
work force   la población activa
worker   el obrero, el trabajador
worldwide   mundial
written document   la escritura

Y

yield   el rendimiento
yield   rendir

INDEX

6520

ARNULFO L. OLIVEIRA MEMORIAL LIBRARY
1825 MAY STREET
BROWNSVILLE, TEXAS 78520